Mieux vivre avec l'Analyse Transactionnelle

Du même auteur chez le même éditeur :

- *Coaching d'équipe*, 2003
- *L'analyse transactionnelle*, 2004
- *Leadership de transition*, 2005

Dans la collection Eyrolles Pratique :

- *Examens : en forme le jour J*, Jean-Marc Bayle
- *Réfléchir vite et bien*, Edward de Bono
- *Sortir des conflits avec les autres*, Christophe Carré
- *La PNL*, Catherine Cudicio
- *Avoir une sexualité épanouie*, Catherine Cudicio
- *Mieux connaître sa personnalité*, Jean-François Decker
- *Petit guide de la retraite heureuse*, Marie-Paule Dessaint
- *Savoir et oser dire Non*, Sarah Famery
- *Arrêter de culpabiliser*, Sarah Famery
- *Avoir confiance en soi*, Sarah Famery
- *Se libérer de ses peurs*, Sarah Famery
- *Proverbes psy pour mieux vivre*, Ysidro Fernandez
- *Slow down*, John Hapax
- *Mieux vivre avec ses émotions*, Didier Hauvette
- *Découvrir la musicothérapie*, Edith Lecourt
- *Oser s'exprimer*, Guyette Lyr
- *Couple : où en êtes-vous ?*, Catherine Olivier
- *Manipulation : ne vous laissez plus faire !*, Jacques Regard
- *Comprendre la crise d'adolescence*, Françoise Rougeul
- *Les troubles du comportement alimentaire*, Laëtitia Sirolli

Alain CARDON
Vincent LENHARDT
Pierre NICOLAS

Mieux vivre avec l'Analyse Transactionnelle

Troisième tirage 2007

EYROLLES

Éditions Eyrolles
61, Bld Saint-Germain
75240 Paris Cedex 05
www.editions-eyrolles.com

Direction de la collection « Eyrolles Pratique » : gheorghi@grigorieff.com
Mise en page : Istria

Sommaire

« C'est la théorie qui décide de ce que nous sommes en mesure d'observer. »

ALBERT EINSTEIN

Remerciements

L'analyse transactionnelle est une des héritières des différents courants de la psychologie moderne.

Dans notre pratique de l'AT et pendant la rédaction de cet ouvrage, nous avons été très conscients de l'important héritage des écoles psychologiques traditionnelles et behavioristes, ainsi que du mouvement du potentiel humain américain (gestalt, bio-énergie, rencontre, etc.) dans cette nouvelle approche.

Aussi sommes-nous reconnaissants envers les nombreux théoriciens et chercheurs qui ont inspiré l'analyse transactionnelle et ont permis à cette théorie de se développer.

Nous tenons tout particulièrement à rendre hommage à :

Eric BERNE, son génial et prolifique « inventeur », Claude STEINER qui a développé les notions d'économie de stimulations, de matrice du scénario... Stephen KARPMAN, l'auteur du triangle dramatique... Thomas HARRIS pour son travail de vulgarisation, Dorothy JONGEWARD et Muriel JAMES pour leur importante production d'écrits, Fanita ENGLISH qui a particulièrement approfondi la notion de racket et l'analyse structurelle de l'Enfant, Jacqui SCHIFF, l'inventeur des notions de symbiose et de passivité... Taibi KAHLER et Mavis KLEIN pour leur travail sur le miniscénario, Southey SWEDE, l'auteur d'un important travail de synthèse... et bien d'autres que nous ne pouvons citer ici. Cet ouvrage, volontairement schématique, est évidemment tout imprégné de leurs pensées.

D'une manière plus générale, nous tenons aussi à remercier :

- Tous les enseignants, animateurs et thérapeutes qui ont participé à notre propre formation en analyse transactionnelle (l'AT n'étant qu'une des approches que nous employons) et dans les différents domaines du développement personnel, professionnel et organisationnel. Sans eux, ce document de reformulation et de synthèse n'aurait pas vu le jour.

- Nos clients et amis avec qui nous avons eu le privilège de travailler en tant qu'« agents de transformation », qui nous ont encouragés, inspirés et aidés dans notre travail de recherche, de développement et de diffusion de l'AT au sein de la société française et des pays francophones.
- Enfin, nous remercions les membres des équipes de TRANSFORMATION, de MÉTASYSTÈME, de TRANSFORMATION SUD, de DÉVELOPPEMENT et du CDPH (Centre de développement du potentiel humain) ainsi que les autres personnes qui, à titre individuel, ont participé à l'élaboration de cet ouvrage, plus précisément :

  Pascal BAUDRY, Claude BEAULIEU, Patrice BERTIER, André CHALMEL, Guy DANO, Pierre DUFOURMANTELLE, Rémy FILLIOZAT, Francis KAUFMANN, Xavier RENAUT, Jean-Louis SENTIN, Alain SETTON.

Introduction

Qu'est-ce donc que l'analyse transactionnelle (ou l'AT, pour les initiés) ? Quelle est son origine ? Quels sont ses champs d'application, ses dangers, ses avantages et ses limites ? Est-ce le premier signe de cette révolution tant attendue en matière de communication, ou un nouvel emballage pour de vieux concepts que l'on pratiquait « sans le savoir » ? Les questions sont nombreuses et le débat continue.

Historique

Mise au point dans les années cinquante aux USA par le Docteur Eric Berne et un petit groupe de psychologues et thérapeutes, l'analyse transactionnelle représente une théorie complète de la personnalité. En partant principalement des comportements observables des hommes, (actes, paroles, langage corporel, etc.) Eric Berne a créé une théorie complémentaire aux approches psychologiques plus traditionnelles. En effet, la démarche principale de l'AT consiste à analyser nos comportements, nos attitudes, nos paroles et nos réactions physiques et émotionnelles par une dizaine de différentes grilles analytiques (par exemple : état du moi, position de vie, jeux, symbiose, etc.).

Ces concepts nous permettent de tirer rapidement des conclusions sur nos choix de comportements dans différentes situations et d'en analyser les résultats. Pour beaucoup, cette première découverte de la « personne dans son environnement » est d'autant plus importante qu'elle est à la fois percutante et simple.

En effet, Eric Berne répondait à un désir de simplicité en créant l'AT. Il avait besoin d'un outil d'analyse clair et facilement assimilable. Le nom même de cette théorie est probablement son terme le plus ésotérique, la majorité des autres termes étant tirés du langage américain courant : un langage imagé et souvent argotique (racket – timbre – scénario). L'essentiel est là.

L'International Transactional Analysis Association (ITAA) fondée aux USA en 1965 par un noyau d'adeptes de l'AT, prend rapidement la troisième place parmi les associations de psychologues américains avec plus de 12 000 adhérents. L'AT se développe, prend de l'envergure et est appliquée avec d'excellents résultats. Rapidement son application dépasse le champ de la psychologie et s'étend au domaine de l'aide sociale : prisons, hôpitaux, écoles, etc. Enfin, l'AT est appliquée dans l'entreprise, d'abord aux USA et par la suite au Japon.

Lors de la deuxième conférence européenne d'analyse transactionnelle en Hollande en 1976, l'European Association of Transactional Analysis (EATA) a vu le jour et depuis elle organise annuellement la conférence européenne d'AT qui réunit Américains et Européens autour des grands thèmes de l'AT. Les Français ont créé aussi leur Institut français d'analyse transactionnelle (IFAT) qui regroupe depuis 1976 psychologues, psychiatres, thérapeutes, sociologues, conseils, formateurs, etc.

L'outil

Beaucoup utilisent l'AT dans leur domaine professionnel et certains l'appliquent aussi à leur vie personnelle. Cela dit, comment l'AT est-elle perçue en France ?

Il y a beaucoup de pionniers qui s'en servent parmi des entreprises de pointe. Mais cet outil ne fait-il pas plus de mal que de bien ? N'est-il pas trop impliquant, trop psychologique ? Trop révolutionnaire ? Quelle est son application réelle dans la vie quotidienne ? En famille ?

La réponse se trouve peut-être dans le fait que l'analyse transactionnelle est, en premier lieu, un outil d'analyse. C'est son point fort. Elle ne prône pas un style de communication plutôt qu'un autre, mais propose plusieurs choix. Elle ne donne pas elle-même une solution toute faite à une situation bloquée, mais suggère plusieurs éléments de réponse. Elle n'interprète pas le comportement d'un individu mais lui laisse le soin de le faire lui-même. Surtout, elle ne juge pas. Cette attitude est assez nouvelle. L'AT est un outil résolutoire dans les mains des individus et des organisations pour qu'ils puissent décoder et traiter leurs problèmes eux-mêmes, comme ils l'entendent. La force de l'AT est donc qu'elle renvoie la responsabilité d'analyse et de résolution des problèmes à ceux à qui elle appartient en premier lieu.

Il ne faut pas oublier, que comme pour d'autres techniques, « le médium est le message ». Souvent en effet, l'analyse transactionnelle prend le visage de celui qui s'en sert, qu'il fasse partie de votre entourage personnel ou professionnel. Pour certains, l'AT est un ensemble pragmatique qui les aide à prendre contact avec la réalité ; pour d'autres, elle est un moyen d'explorer et de comprendre des situations de conflit qui mettront à jour les problèmes profonds.

Bien que ses concepts soient attrayants et que l'on se laisse facilement prendre au jeu, l'AT n'échappe pas pour autant aux lois de tout travail personnel : après la prise de conscience, pour enclencher un changement de comportement, il faut aussi un travail approfondi, un apprentissage contrôlé et quelquefois un suivi à long terme.

Il est évident que ces questions ne sont pas propres à l'analyse transactionnelle mais communes à toute technique de communication. En effet, l'application de l'AT nécessite une situation bien définie, avec des objectifs déterminés et une motivation claire. Avec ces éléments, l'AT peut devenir un moyen efficace pour mieux se connaître, voire pour améliorer sa communication avec autrui.

Objectifs et choix

Notre objectif dans cet ouvrage n'est pas d'alimenter le débat sur les qualités de l'analyse transactionnelle, mais de présenter au lecteur la théorie de l'analyse transactionnelle.

Dans l'élaboration de ce livre, nous avons fait plusieurs autres choix :

1. Cet ouvrage se veut un tour d'horizon de l'AT complet et général.
2. Nous ne ferons qu'allusion aux « écoles » d'analyse transactionnelle, sans entrer dans le détail des différences théoriques entre tel ou tel praticien.
3. Nous illustrerons cette théorie par des applications dans la vie quotidienne.
4. Nous décrirons les différents concepts d'analyse transactionnelle dans un ordre qui nous semble de nature à en faciliter la compréhension, mais ils peuvent être abordés ou appliqués dans un tout autre ordre et indépendamment les uns des autres. Il est cependant bien évident qu'ils décrivent tous une même réalité et qu'ils sont sous-tendus par une même philosophie.
5. Pour permettre au lecteur une meilleure intégration des concepts, nous avons élaboré quelques questionnaires personnels qui ont pour but d'engendrer une réflexion sur les possibilités d'applications pratiques. Nous vous conseillons donc vivement de répondre à ces questionnaires lorsque vous les rencontrerez dans le texte ou lorsque vous serez renvoyé aux annexes.

La force de l'analyse transactionnelle est de renvoyer la responsabilité d'analyse et de résolution des problèmes à ceux à qui elle appartient en premier lieu.

C'est cette attitude que nous vous proposons d'adopter à la lecture de ce livre.

Chapitre 1

Les choix de comportement : les états du moi

« Nous sommes tous des êtres collectifs. »

GOETHE.

Comment se fait-il qu'une personne observée pendant un laps de temps suffisant puisse montrer des comportements complètement contradictoires ?

Imaginez, par exemple, une personne qui, en une seule journée, aura été perçue par son patron comme efficace et serviable, par ses clients comme plutôt impatient et autoritaire, alors que sa femme l'aura senti plutôt las et découragé.

Nous changeons, en effet, quelquefois de comportement, d'expression, de ton, à une telle vitesse qu'un observateur non informé pourrait se demander s'il s'agit bien de la même personne.

Le concept d'états du moi tente de nous donner une explication à cette capacité humaine de changer de visage ou de personnalité avec une telle facilité, et cela en jetant les bases de cette théorie de la communication qu'est l'analyse transactionnelle.

Introduction aux états du moi

Le concept le plus connu et, pour beaucoup, le plus important de l'analyse transactionnelle est celui d'états du moi.

> *Ce concept repose principalement sur la division de la personnalité d'un individu en trois parties, ou trois états : le Parent, l'Adulte et l'Enfant.*

Les états du moi sont toujours orthographiés avec une majuscule, par opposition à parent, adulte, enfant qui représentent des personnes.

Voici la représentation graphique des trois états du moi :

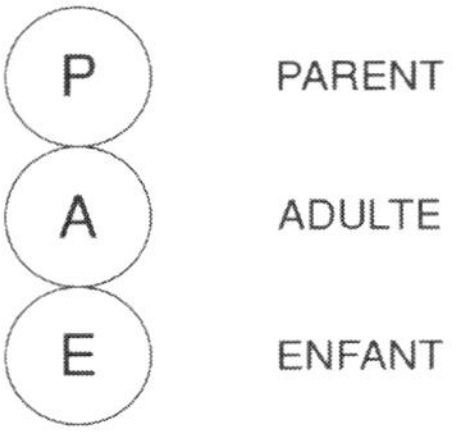

Les états du moi sont des systèmes de pensées, d'émotions et de comportements liés aux différentes étapes du développement d'un individu et même d'un groupe, tels une famille, un clan. Dans l'exemple ci-dessus, la personne aura probablement réagi par rapport à son patron en se mettant « dans » l'Adulte et « dans » l'Enfant, par rapport à ses clients en se mettant « dans » son Parent, et par rapport à sa femme en se mettant « dans » son Enfant.

Pour mieux comprendre les différences entre les états du moi, nous vous proposons de voir, dans le détail, ce qu'ils comportent.

L'état du moi Parent

> *L'état Parent comprend les pensées, les émotions et les comportements que l'individu a appris de sources extérieures de figures d'autorité, et principalement de ses propres parents.*

Par exemple :

- Les gens bien ont des diplômes ;
- Il ne faut pas jouer aux cartes ;
- Il faut se méfier des étrangers ;
- Il faut regarder avant de traverser…

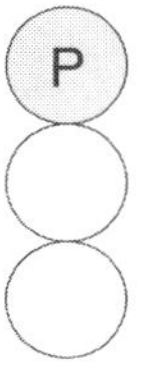

L'origine du Parent : le Parent est la façon dont un individu a enregistré les systèmes de pensées, d'émotions et de comportements de personnes importantes connues dans son enfance, c'est-à-dire ses parents et les personnes dont il (ou elle) a suivi l'exemple.

L'enregistrement du Parent se poursuit toute la vie et ceci sur la trajectoire définie par les premiers enregistrements faits dans l'enfance, sauf remise en question toujours possible sous la pression conjointe de l'Enfant et de l'Adulte (réajustement du Parent).

Ainsi, lorsqu'une personne est « dans » son Parent, elle reproduit les attitudes et les comportements qu'elle a empruntés aux figures parentales qui l'ont marquée dans le passé proche ou lointain : professeur, père, mère, tuteur, idole, etc.

Exercice

Identifiez votre Parent

Choisissez la personne qui, dans votre passé, vous a le plus influencé.

Prenez votre temps et rappelez-vous de ce qu'elle disait et faisait par rapport aux thèmes suivants et inscrivez-le brièvement :

– La réussite ;

– La famille ;

– L'amitié ;

– Le sport ;

– La vie.

En quoi est-ce que ce portrait vous ressemble ?

Qu'est-ce que votre père souhaitait pour votre avenir et pourquoi ?

Qu'est-ce que votre mère souhaitait pour votre avenir et pourquoi ?

Quels étaient les comportements et les orientations défendus ou interdits par votre père et votre mère ?

L'état du moi Adulte

> *L'état Adulte n'a rien à voir avec l'âge d'un individu, mais concerne plutôt le domaine du pensé.*

Il est orienté sur la « réalité » objective : il recueille, enregistre et utilise les informations de *toutes* origines, aussi bien externes (de l'environnement) qu'internes (du Parent ou de l'Enfant).

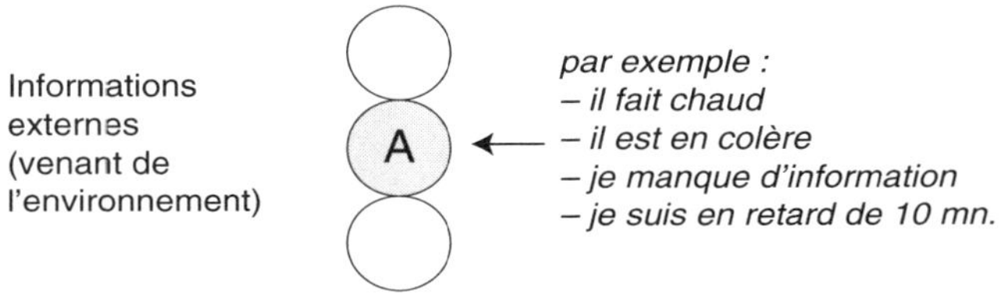

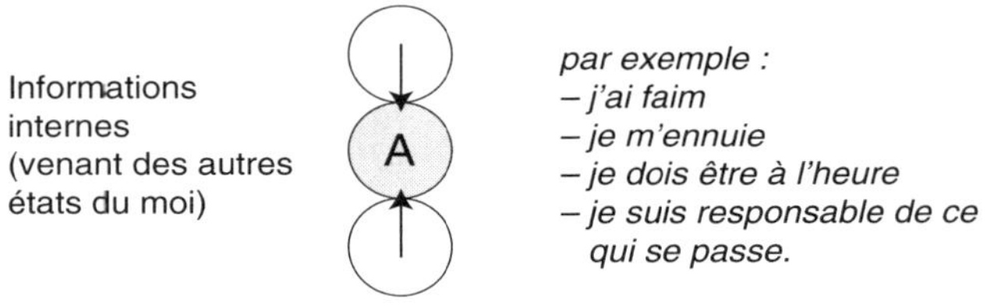

Il se sert de ces informations pour énoncer des faits, calculer des probabilités, prendre des décisions, préciser ses objectifs, évaluer ses résultats.

Par exemple :

- À cette vitesse, si tout va bien, nous arriverons vers 6 heures ;
- Si la demande des clients reste à ce niveau, nous épuiserons nos stocks dans vingt jours ;
- Compte tenu de tous ces paramètres, à court terme il vaudrait mieux déménager.

Ceci veut dire que si l'Adulte a des informations insuffisantes ou inexactes, il ne pourra apprécier correctement la réalité extérieure.

Par exemple :

- Je n'ai pas ma montre, mais je pense qu'il est aux alentours de 10 heures ;
- La terre est plate (Espagne au XIIIe siècle).

L'ORIGINE DE L'ADULTE : bien que son point de départ remonte à la première année, la pensée autonome, « personnelle » de l'Adulte ne s'affirme vraiment qu'à partir de 12 ans. Elle peut être perfectionnée toute la vie, surtout dans la mesure où son environnement l'y encourage.

L'état du moi Enfant

> *L'état Enfant concerne le domaine du senti et comprend les besoins, les sensations et les émotions qui apparaissent naturellement chez une personne.*

Par exemple :

- J'ai faim ;
- J'ai chaud ;
- J'ai peur.

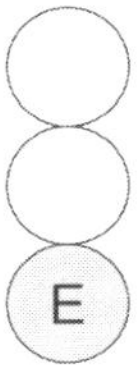

Il contient également l'enregistrement des expériences vécues par l'enfant et la façon dont il y a réagi (émotions et comportements). Il contient donc les comportements « anciens » ou archaïques provenant de l'enfance.

Par exemple :

- Depuis cet accident, j'ai toujours peur quand j'entends des crissements de pneus ;
- Chaque fois que mon père lève le bras, je crois qu'il va me frapper.

L'ORIGINE DE L'ENFANT : l'Enfant est le premier état du moi à apparaître. Il éprouve sous forme de sensations externes ou internes tous les besoins et désirs qu'éprouve normalement une personne et les exprime sous forme de systèmes de comportements de pensées et d'émotions.

Il contient, d'autre part, les enregistrements des sensations et des émotions éprouvées dans l'enfance. C'est ce qui explique le conditionnement, c'est-à-dire ce qui fait qu'une personne, sans en être nécessairement consciente, va vers ce qui a été associé à ses plaisirs et fuit ce qui a été associé à ses souffrances, qu'il existe ou non un rapport durable entre la sensation et la stimulation qui lui est associée.

Le *re-conditionnement* permanent de l'Enfant sous la gouverne de l'Adulte est une condition du développement de l'individu.

Lorsqu'une personne est « dans son Enfant », elle peut donc vivre soit ses sensations et ses émotions présentes, soit revivre des sensations et des émotions venant de son passé.

Exercice

Des choix de comportements

Lisez les phrases suivantes et réagissez à chacune en quelques mots, à partir de l'état du moi qui vous semble le plus adéquat ou celui que vous auriez adopté d'une manière « naturelle » dans chaque situation. Inscrivez, ensuite, pour les deux autres états du moi une réponse possible.

L'objectif de cet exercice est, d'une part, de vous aider à explorer votre PAE (P = Parent ; A = Adulte ; E = Enfant), et, d'autre part, de vous faire découvrir un choix de comportements possibles face à une même situation (de nouvelles options).

1. Votre vol a encore du retard

P
A
E

2. Le métro (bus, etc.) est en grève

P
A
E

3. Vous allez être en retard à un rendez-vous important

P
A
E

4. Vous êtes obligé d'aller à un dîner chez vos beaux-parents

P
A
E

5. Votre famille veut aller en vacances à la campagne

P
A
E

6. Par mégarde, vous venez de déchirer votre pantalon préféré

P
A
E

7. On annonce une réduction du personnel dans votre entreprise

P
A
E

8. Un de vos amis semble vous éviter depuis longtemps

P
A
E

Le Parent, l'Adulte et l'Enfant, c'est-à-dire les états du moi, constituent une grille d'analyse qui peut être appliquée non seulement à vous-même ou à un autre individu, mais aussi à un groupe.

Par exemple :

- Pour une famille ;
- Pour un magasin ;
- Pour un club sportif ;
- Pour une entreprise...

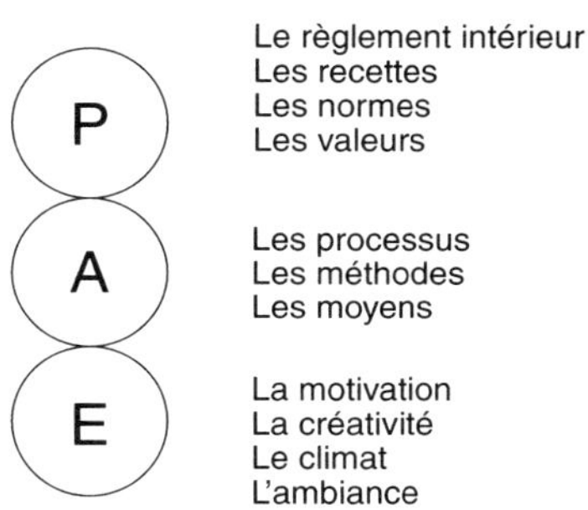

Le Parent d'un ensemble collectif est défini par le Parent de son fondateur et de ses membres, par l'ensemble des traditions, normes, types de stratégie (« l'esprit de la maison ») qu'il véhicule, et par des structures spécifiques de contrôles, de sécurité et de surveillance.

L'Adulte d'un ensemble collectif est constitué par l'Adulte de son fondateur et de ses membres et par l'ensemble de ses organes de formation, de réflexion, de production, d'information, de communication et de décision.

L'Enfant d'un ensemble collectif est constitué par l'Enfant de son fondateur, de ses membres (climat), et par ses structures psychologiques et sociologiques (rites, habitudes, modes de communication...).

Exercice

Le PAE d'un ensemble collectif

Définissez en quelques lignes le Parent (les valeurs et normes explicites ou implicites), l'Adulte (les méthodes) et l'Enfant (créateur, libre, brimé, etc.) de votre famille, de votre cercle d'amis, etc.

Parent : ....

Adulte : ....

Enfant : ....

L'analyse fonctionnelle

L'analyse fonctionnelle consiste à subdiviser les états du moi selon les fonctions comportementales qu'ils remplissent :

- **Le Parent Normatif** comprend les jugements de valeur, les normes sociales, et une fonction de protection.
- **Le Parent Nourricier** comprend les recettes et les façons de prendre en charge et d'assumer des responsabilités, et une fonction de permission.
- **L'Adulte** comprend les traitements des informations, des faits, des idées, des probabilités.
- **L'Enfant Adapté, Rebelle ou Soumis** comprend les réflexes conditionnés.

1. Les choix de comportement : les états du moi

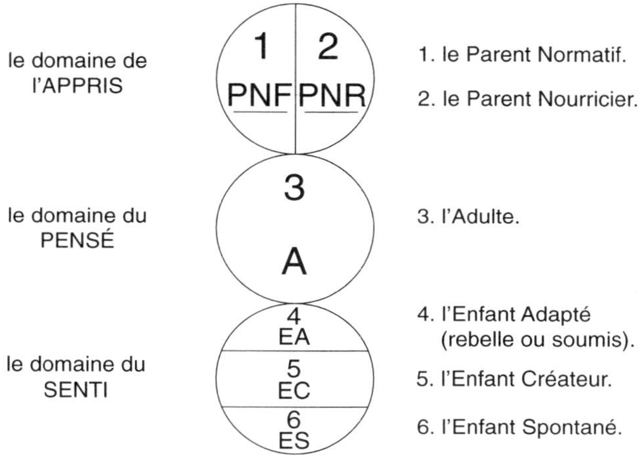

- **L'Enfant Créateur**, ou le Petit Professeur, comprend les intuitions, les idées magiques (l'Enfant Créateur appartient en fait à l'analyse structurale. Nous le présentons ici pour des raisons de simplicité).
- **L'Enfant Spontané** comprend les sensations et les émotions.

Le Parent

Le Parent est le domaine de *l'appris*, il comprend :

- Ce que la personne a copié des paroles et des actes de ses parents et autres figures d'autorité.

Ces enregistrements sont disponibles chaque fois que manquent le temps ou les informations nécessaires pour élaborer une réponse Adulte, c'est-à-dire raisonnée.

- Les données sociales et culturelles (valeurs et traditions) que la personne a enregistrées dans son environnement.

Le Parent est donc indispensable au fonctionnement social et culturel.

- Les enseignements que la personne a tirés de son expérience (généralités et principes) et stockés « une fois pour toutes ». Ces enseignements constituent un cadre de référence par rapport auquel le Parent agit.

On distingue deux parties à l'intérieur du parent.

Le Parent Normatif

> *Le Parent Normatif comprend l'ensemble des valeurs, des a priori (positifs et négatifs) et des normes de comportement. Il répond à la question « que faire ? » avec des « il faut, il ne faut pas, tu dois... ».*

Le Parent Normatif dit à l'Enfant ce qu'il doit faire. Il est déterminé par les scénarios culturels et familiaux (échelles de valeur et schémas de comportements). Il facilite l'exécution automatique des tâches répétitives. Il pose des limites protectrices tantôt appropriées, tantôt abusives.

Par exemple :

- Les gens sérieux portent des cravates ;
- Les portes sont faites pour être fermées ;
- Il faut être à l'heure quand on a un rendez-vous ;
- Une lettre ne doit pas contenir d'erreurs d'orthographe ;
- On respecte les limitations de vitesse.

Le Parent Nourricier

> *Le Parent Nourricier contient l'ensemble des façons de faire, des « recettes » que la personne a copiées dans son environnement. Il permet de répondre rapidement à toute une série de questions commençant par « comment faire ? » : comment faire pour prendre en charge, pour être responsable, survivre, travailler, s'amuser, exprimer sa colère, s'occuper de ses enfants, etc.*

1. Les choix de comportement : les états du moi

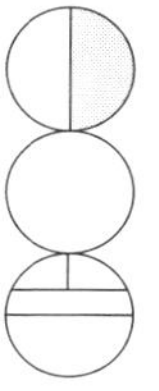

Le Parent Nourricier dit à l'Enfant comment faire ce qu'il doit faire. Il l'encourage, lui donne la chaleur et les soins dont il a besoin pour vivre, ainsi que la permission de vivre et de croître. À l'extrême, il fait à la place, « couve », et surprotège.

Par exemple :

- Si vous avez un problème, venez me voir ;
- Voilà comment faire, avez-vous compris ?
- Ne t'inquiète pas, je m'en occupe, tu peux dormir tranquille.

Les enregistrements existants à l'intérieur du Parent peuvent être ou non adaptés à la survie et à l'épanouissement de la personne. Ils lui sont quelquefois nettement nuisibles (par exemple lorsqu'ils sont abusifs ou contradictoires).

On appelle « reparentage » le travail qui consiste à les remplacer par d'autres enregistrements qui soient positifs. Dans un environnement qui évolue rapidement, comme c'est le cas à notre époque, pour la plupart des individus, il est nécessaire de réexaminer périodiquement ses enregistrements parentaux et de les actualiser.

Exercice

Comparez vos Parents

Réfléchissez aux critiques que l'on fait aux « jeunes » par rapport aux thèmes suivants : réfléchissez aux valeurs qui sont à la base de ces critiques et imaginez les valeurs qui sont à la base des positions des jeunes :

Les horaires ;
Le chômage ;
L'argent ;
La famille ;
La patrie ;
L'habillement ;
Le sport ;
Les cigarettes ;
Les voyages ;
Les amis.

Quelles pourraient être les différences entre le Parent d'une femme et celui d'un homme par rapport à ces thèmes ?

Quelles pourraient être les différences entre les Parents d'un Espagnol, d'un Algérien, d'un Américain et d'un Français, par rapport à ces thèmes ?

Reprenez l'ensemble de vos réactions à ces thèmes et imaginez des positions plus souples ou plus compréhensives qui permettraient une meilleure expression de votre Parent Nourricier.

L'Adulte

> *L'Adulte est le domaine du pensé. Neutre à l'égard du Parent et de l'Enfant, il comprend au fait de « prendre du recul ». Tenant compte du temps présent et de la réalité extérieure, l'Adulte collecte les informations nécessaires, internes ou externes. Il les analyse et tire des conclusions rationnelles ou détermine des probabilités.*

Souvent appelé l'Ordinateur, l'Adulte appréhende la réalité sans affectivité (Enfant) et sans jugement de valeur ni prise en charge (Parent).

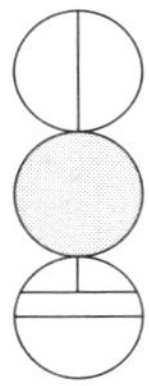

Son fonctionnement est différent de celui de l'Enfant Créateur car il est logique, c'est-à-dire qu'il repose sur le langage. L'Adulte est donc, plus que l'Enfant Créateur, capable d'abstraction et beaucoup moins dépendant des sensations immédiates.

Par contre, sa perception du monde est structurée par le langage qu'il utilise, elle est donc dépendante d'un contexte culturel. À l'intérieur de ce « module », l'Adulte peut être considéré comme objectif.

L'Enfant

> *L'Enfant est le domaine du senti.*

Il contient :

- Les sensations et les émotions naturelles telles qu'elles apparaissent à chaque instant (programmation biologique interne) ;
- Les enregistrements des sensations et des émotions passées, et en particulier les enregistrements des premières émotions importantes (émotions archaïques).

On distingue trois parties à l'intérieur de l'Enfant :

1. Les choix de comportement : les états du moi

L'Enfant Spontané

> *L'Enfant Spontané dit ce qu'il veut quand il le sent. Il exprime, sous forme de mouvements physiques et d'émotions, les besoins les plus fondamentaux, en réaction directe au plaisir et à la souffrance.*

Sa fonction essentielle est d'assurer la régulation biologique de l'organisme et de donner aux états du moi plus élaborés les informations nécessaires pour maintenir à long terme les conditions d'un tel équilibre. Ceux-ci se développent donc à la fois à son service et à ses dépens.

Au-delà des besoins physiologiques et des sensations (plaisir et souffrance), le comportement de l'Enfant Spontané est gouverné par les quatre émotions fondamentales (la peur, la tristesse, la colère, la joie).

L'Enfant Adapté

> *L'Enfant Adapté, qui est sous l'influence d'un Parent (le sien ou celui de quelqu'un d'autre), s'exprime chaque fois que nous agissons dans le but d'obtenir des « grandes personnes », réelles ou imaginaires de notre entourage, qu'elles réagissent d'une certaine façon.*

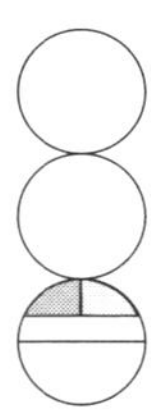

Il s'agit de l'Enfant Adapté Soumis si l'objectif est de vivre en harmonie avec elles, d'obtenir leur approbation ou de se soumettre.

Ce sera l'Enfant Adapté Rebelle si la personne agit contre les directives parentales, dans le but d'obtenir de l'attention à défaut d'affection, ou réagit à un Parent abusif.

L'Enfant Adapté masque et régularise les pulsions de l'Enfant Spontané sous des formes plus stables et plus acceptables socialement. Il donne donc normalement à la personne la sécurité et l'intégration nécessaires au sein du groupe social auquel elle appartient. Trop développé, il freine et inhibe le développement de l'Enfant Spontané.

Par exemple :

- **Adapté Soumis :** oui, monsieur l'agent (aïe ! Je n'ai rien compris à ses indications, je vais encore me perdre) ;
- **Adapté Rebelle :** ça ne se passera pas comme ça ! Je vais en parler au maire, qui est un ami personnel. Vous verrez !

L'Enfant Créateur (ou Petit Professeur)

> *L'Enfant Créateur est la source de créativité et d'innovation. Sa pensée s'est élaborée lorsque le petit enfant ne disposait pas encore d'un véritable langage. Elle est donc intuitive, voire magique.*

Cette pensée a cependant de nets avantages sur la pensée rationnelle de l'Adulte : peu verbalisée, il est difficile au Parent Critique de la censurer et au Parent Nourricier de lui dire comment faire. Elle s'appuie donc sur un ensemble de perceptions peu précises mais complètes, voire synthétiques ; de même n'ayant ni habitudes, ni traditions, ni même à proprement parler de méthodes, elles abordent chaque chose avec un « œil neuf ».

Par exemple :

- Je ne sais pas pourquoi, mais j'ai l'impression de me faire avoir ;
- Je ne peux pas l'expliquer, mais sa présence ici me réconforte.

Autre avantage, puisqu'elle ne s'embarrasse pas de longs raisonnements, ses réponses sont quasi instantanées. Il est alors possible de les utiliser telles quelles, ou de s'en servir pour orienter les recherches de l'Adulte.

Enfin, s'étant forgé dans le cadre particulièrement intense des relations familiales, l'Enfant Créateur dispose d'une connaissance et d'une compréhension très aiguës en tout ce qui concerne les relations interpersonnelles. Il joue ainsi souvent pour la personne dans le domaine des relations avec autrui un véritable rôle de « poisson pilote ». C'est le « radar » si utile aux commerciaux.

L'Enfant Créateur a toutefois l'inconvénient d'être illogique ou incohérent, de prendre ses désirs pour des réalités, ou d'avoir un fonctionnement fantasmatique.

1. Les choix de comportement : les états du moi

Chaque état du moi a des aspects positifs et des aspects négatifs :

- **PNR positif** : il conseille, protège, soutient et donne des permissions.
- **PNR négatif** : il surprotège, couvre, étouffe et freine.
- **PNF positif** : il pose des limites, des droits et des devoirs et veille à leur application.
- **PNF négatif** : il dévalorise, il limite, il stérilise.
- **EA positif** : il se protège, apprend, se défend et réagit.
- **EA négatif** : il s'autodétruit, il se dévalorise, il provoque.
- **ES positif** : il est vivant, libre, naturel.
- **ES négatif** : il peut blesser, ne tient pas compte de la réalité sociale.
- **EC positif** : il « pige » vite, il invente des solutions nouvelles et trouve des raccourcis.
- **EC négatif** : il prend ses désirs pour des réalités, vit dans un monde magique et est prisonnier de ses jeux...
- **A positif** : il résout des problèmes, prévoit, prend du recul.
- **A négatif** : son mauvais fonctionnement, son non-fonctionnement ou son fonctionnement exclusif peuvent être considérés comme négatifs. Souvent, par exemple, il prend des décisions sans avoir assez d'informations, ou cherche trop d'informations.

> *Il est donc important de savoir se servir de tous ses états du moi et d'apprécier tous les états du moi des personnes qui nous entourent, ceci toutefois en tenant compte des paramètres suivants :*

1. Du degré d'urgence (s'il y a le feu, les explications adultes sont peut-être de trop, la panique de l'enfant doit être retenue, etc.) ;
2. Des personnes (il faut quelquefois être protecteur avec certains individus et laisser beaucoup d'indépendance à d'autres) ;
3. De la tâche à accomplir (si vous avez un objectif, tous les états du moi peuvent être des moyens de l'atteindre).

Ainsi, les états du moi sont tous utiles dans un équilibre harmonieux.

Comparaison des états du moi

Les pages qui suivent expliquent d'une manière détaillée les différentes façons de reconnaître chaque état du moi et donnent avec plus de détails leurs avantages et leurs inconvénients. Lisez-les attentivement.

Nous vous proposons aussi de jouer le jeu de l'égogramme proposé en Annexe I (page 195).

Parent Normatif

COMPORTEMENT GÉNÉRAL : prescripteur, directif, protecteur, emprunté aux parents et à la culture.

ATTITUDES PHYSIQUES : bras croisés et menton rentré, tête en arrière, dos droit et rigide, sourcils froncés, doigt tendu, regards par-dessus les lunettes, attitudes de jugement ou d'évaluation, la tête appuyée sur la main avec un doigt sur la bouche et un doigt levé le long de la joue. Peut être froid, méprisant, dominateur.

VOIX : assurée, autoritaire, péremptoire, critique, indignée, tranchante, dégoûtée, intimidante, emphatique, en colère, énergique.

EXPRESSIONS VERBALES : les proverbes, phrases sentencieuses, slogans, maximes et citations moralisantes : « Combien de fois devrai-je, c'est comme ça et pas autrement, du calme avant toute chose, débrouillez-vous, je ne veux pas le savoir, deux précautions valent mieux qu'une ».

MOTS : c'est bien, c'est mal, discipline, moral, immoral, valeurs, idiot, bon, pertinent, ridicule, sain, normal-anormal, défauts-qualités, soigné, responsable-irresponsable, juste-injuste, vrai-faux, tu dois, tu devrais, il faut, il faudrait, important, toujours, jamais, vraiment.

CONTENU : jugements de valeur, normes, morale, règles de conduite, principes, définitions, éthique, limites.

ORIGINE : sociale et culturelle.

ATTITUDES PAR RAPPORT À DES FAITS ET DES PERSONNES : approbation, réaffirme ce qui doit ou devrait être, la façon dont il faut ou faudrait réagir.

MONOLOGUES INTÉRIEURS :

En positif : j'aime que les choses soient en ordre, qu'elles soient bien faites, que les gens se comportent comme il convient de le faire. Pour réussir, il faut être honnête et savoir apprécier les vraies valeurs.

En négatif : on me considère comme un persécuteur et j'ai l'impression d'en être un. On me dit que je suis autoritaire, critique et que j'ai toujours l'air d'être en colère. Je ne laisse rien passer aux autres, mais je ne me laisse rien passer non plus. Quelquefois j'ai l'impression d'être le seul à avoir un peu de dignité et je me dis : « À quoi bon » mais il ne faut pas se laisser aller, et je me ressaisis.

AVANTAGES : il transmet ce qui structure le corps social et donc favorise l'intégration de l'individu, voire dans certains cas sa survie. Ses « réponses » ont l'avantage d'être toutes prêtes et généralement admises. Elles sont sécurisantes. Il protège du danger en posant des limites.

INCONVÉNIENTS : il peut, s'il est trop rigide, inhiber l'expression individuelle, nier la sensibilité, censurer la créativité. Fondamentalement conservateur, il peut être inadapté à son environnement actuel. Persécuteur possible.

Parent Nourricier

COMPORTEMENT GÉNÉRAL : aidant, réconfortant, emprunté aux parents, aux figures parentales et à la culture.

ATTITUDES PHYSIQUES : gestes d'accueil et d'ouverture, donne de tapes sur l'épaule, bras ouverts, souriant, donne des signes d'encouragement, regarde quelqu'un travailler en se tenant derrière lui, penché en avant, attitude enveloppante.

VOIX : apaisante, chaleureuse, soucieuse de l'autre, réconfortante, concernée, grave, douce, aimante, protectrice, mielleuse, doucereuse.

EXPRESSIONS VERBALES : n'hésite pas à me demander si tu as besoin de quelque chose, sois sûr que, ne t'en fais pas, je m'en occupe, où est-ce que ça fait mal, c'est bon pour toi, sois prudent, ce n'est pas grave, je vais le faire à ta place, voici comment faire, je suis là pour t'aider, c'est pour ton bien, vas-y, tu peux le faire, je te fais confiance.

MOTS : sécurité, danger, protection, conseil, aide, comme ceci, exemple, magnifique, très bien, confiance, aider, accueil, soutien.

CONTENU : recettes ou façons de faire, habitudes, traditions.

ORIGINE : sociale et culturelle.

ATTITUDES PAR RAPPORT À DES FAITS OU PERSONNES : y voit des signes d'encouragement ou de découragement, de chances ou de dangers, des joies ou des souffrances potentielles.

MONOLOGUES INTÉRIEURS :

En positif : j'aime m'occuper des autres, je sais que je fais bien, avoir le sentiment d'être utile, de faire du bien autour de moi, c'est important pour moi, il faut savoir se donner, se dévouer.

En négatif : les gens me traitent comme si j'étais un sauveteur professionnel ; au travail, à la maison, je m'occupe des autres, je les prends en charge. Je sais qu'ils ont besoin de moi, ce n'est pas de leur faute, mais ils me pompent toute mon énergie et j'ai l'impression que finalement je leur fais plus de mal que de bien. Après tout ce que j'ai fait pour eux ! Mais je ne peux pas les abandonner, finalement ils sont plus à plaindre que moi.

AVANTAGES : donne la permission pour vivre et croître, protège des dangers et crée les conditions nécessaires à l'épanouissement de l'enfant, à sa sécurité, ce qui est une des conditions importantes de l'apparition d'un véritable adulte.

INCONVÉNIENTS : il peut empêcher le développement de l'autre. Trop de protection finit par étouffer, surtout si elle est imposée. Simenon parle de la « générosité impitoyable » de sa mère. Dans le rôle de sauveteur probable, le Parent Nourricier peut au lieu de sauver ceux qu'il aide les enfoncer plus complètement.

Enfant Spontané

COMPORTEMENT GÉNÉRAL : libre, spontané, naturel, semblable à celui de la petite enfance. Tient peu compte des contraintes de l'environnement social.

ATTITUDES PHYSIQUES : aimant s'amuser, bouger, explorer, créer, langage corporel varié, peu de pudeur physique, saute, applaudit, se trémousse, regard direct, très expressif, vit toutes ses sensations, bâille, s'étire, court, chante.

VOIX : haute, libre, énergique, spontanée, fluctuante, sans inhibition, parlant vite, excitée, cris, pleurs, gloussements.

EXPRESSIONS VERBALES : langage simple, onomatopées, imitations, ânonnements, répétitions, parle pour lui-même, exclamations, interjections, je veux, je ne veux pas, j'ai envie.

MOTS : chic, berk, ouais, merde, zut, hé, ah, c'est bon, pas bon, aïe, oh la la, bof, chouette !

CONTENU : besoins physiologiques et biologiques de base, sensations (plaisir et souffrance) et émotions – joie, peur, colère, tristesse.

ORIGINE : biologique.

ATTITUDES PAR RAPPORT AUX FAITS OU AUX PERSONNES : voit des sources de plaisir ou de souffrance, ce qui déclenche des émotions.

MONOLOGUES : positifs ou négatifs suivant que l'émotion est en relation avec la situation ou l'environnement.

AVANTAGES : source (et non le terme) de toute énergie et de tout plaisir, l'Enfant Spontané est la base biologique sur laquelle s'édifie la personnalité. Sa satisfaction est donc à la fois fondamentale et source de dynamisme.

INCONVÉNIENTS : l'Enfant Spontané peut être un enfant « sauvage » ; on peut comme Rousseau rêver aux charmes de l'état de la nature, et il est souvent bon de revaloriser le corps et les émotions ; pourvu que l'on sache qu'un certain contrôle de l'Enfant Adapté est indispensable à une adaptation sociale favorable.

Enfant Adapté Soumis

COMPORTEMENT GÉNÉRAL : réagit en soumission aux figures parentales et institutions.

ATTITUDES PHYSIQUES : soumise, tenant compte des autres en les mettant à l'aise (il peut aller jusqu'à la Suradaptation), lève le doigt pour parler, respectueux des usages et des normes, réservé, tête inclinée, charmeur, manifeste des signes d'apaisement, « s'arrête au feu rouge », regarde vers le haut (cherche une approbation parentale).

VOIX : douce, inaudible, respectueuse, raisonnable, marmonnante, plaintive, hésitante.

EXPRESSIONS VERBALES : j'aimerais bien, vous avez raison, j'essaie, j'ai essayé de..., s'il vous plaît, pourriez-vous..., phrases anonymes en il et on (on devrait faire..., y'a qu'à, faut qu'on), j'ai fait de mon mieux, oui mais..., presque, j'ose pas, c'est dur, difficile.

MOTS : coupable, honte, timide, essayer.

CONTENU : (savoir-vivre, étiquette), réflexes conditionnés, sentiments.

ORIGINE : sociale et culturelle, socialisation de l'Enfant Spontané.

ATTITUDES : réagit en fonction des figures parentales suivant la sécurité ou l'insécurité éprouvée. Se plie à l'autorité.

MONOLOGUES : ce n'est pas correct, il ne faut pas exagérer, ça ne sert à rien de se faire remarquer, heureusement que les autres savent mieux que moi, évitons de faire des vagues, moi je sais coopérer, si tout le monde tire la couverture, on ne pourra pas avancer, finalement l'essentiel c'est qu'on s'entende, mon avis n'apportera pas grand-chose.

AVANTAGES : intègre les automatismes sociaux utiles pour la vie en société.

INCONVÉNIENTS : l'excès de soumission mène à l'indécision, au trouble (voir la notice de symbiose).

Enfant Adapté Rebelle

COMPORTEMENT GÉNÉRAL : réagit en opposition aux figures parentales et institutions.

ATTITUDES PHYSIQUES : rebelle, tenant compte des autres en se révoltant (il peut aller jusqu'à la violence), il coupe la parole, il élève la voix, lueur au fond du regard, sourire malicieux, éventuellement grossier, il répond du tac au tac, le débit peut être rapide, transgresse.

VOIX : violente, énergique, forte, contenue, rageuse.

EXPRESSIONS VERBALES : vous n'avez pas le droit, vous pouvez toujours courir, j'aimerais bien voir ça, cessez de m'importuner, vous ne pouvez pas m'y obliger, ça, sûrement pas, NON, ils vont voir, je ne veux pas.

MOTS : fier, oser, droit.

CONTENU : réflexes conditionnés et sentiments.

ORIGINE : sociale et culturelle, socialisation de l'Enfant Spontané (cf. Soumis), réaction vis-à-vis d'un abus de pouvoir.

MONOLOGUES : c'est toujours pareil, je vais me défendre, on essaie de m'avoir, il ne faut pas se laisser faire, ils n'ont pas le droit, c'est un abus de pouvoir, je vais leur montrer que je sais me défendre, les autres se laissent faire, il faut réagir et empêcher ça, pas question de me laisser marcher dessus.

AVANTAGES : protège l'Enfant Libre face aux excès de pouvoir.

INCONVÉNIENTS : l'excès de rébellion mène à l'agitation ou à la violence (voir la notice de symbiose) qui peut se retourner contre elle-même.

Enfant Créateur

(Au niveau comportemental – analyse fonctionnelle –, l'Enfant Créateur fait partie de l'Enfant Spontané.)

COMPORTEMENT GÉNÉRAL : lunatique d'un enfant absorbé dans ses rêves et ses créations ou observateur intuitif (naviguant « au radar »).

ATTITUDES PHYSIQUES : regard brillant, œil vif, « pétillant » de malice, de vie, d'intelligence, agité, actif, bruyant, détruit pour comprendre, se balance sur une chaise, complètement absorbé dans ce qu'il fait, pose des questions la tête inclinée sur le côté, retient sa respiration.

VOIX : charmeuse, primesautière, monte et descend, mal articulée, curieuse, investigatrice sonore, manipulatrice.

EXPRESSIONS VERBALES : et si ? Pourquoi ? Pose de « grandes » questions sur des évidences ou des sujets tabous, montre-moi, dis-moi, première et deuxième impression, je suppose, j'ai une idée, expressions argotiques nouvelles, ah oui, je vois... (intuitivement), jeux de mots.

MOTS : intuition, arranger, supposition, peut-être, hum ! hum ! mmm !

CONTENU : intuitions, idées magiques, comment manipuler les gens.

ORIGINE : pré-logique, partielle et inachevée.

ATTITUDES PAR RAPPORT AUX FAITS OU AUX PERSONNES : intérêt ou ennui, amusement ou indifférence.

MONOLOGUES INTÉRIEURS :

En positif : j'aime bien piger au quart de tour. Ce qui me plaît, c'est d'aborder une nouvelle personne, un nouveau travail, un nouveau problème et de deviner ce qu'il y a derrière. Généralement, la première impression, c'est la bonne. J'aime aussi m'attaquer à un problème insoluble ; je finis toujours par trouver un truc pour tourner la difficulté.

En négatif : je sens des choses confuses, des forces occultes autour de moi, des gens qui essaient de me faire faire ce dont je n'ai pas envie. Alors j'essaie de me concilier ces forces et ces gens, mais ça ne marche jamais vraiment ; Je me demande pourquoi, ça devrait être à cause de ... Je crois qu'un jour quelqu'un viendra qui saura m'aimer et m'apprécier, et j'essaie d'y penser beaucoup pour le faire arriver plus tôt.

AVANTAGES : peut constituer pour l'Adulte, particulièrement dans le domaine des relations humaines, un guide précieux. Comprend bien l'Enfant et stimule l'activité créatrice et artistique.

INCONVÉNIENTS : le brillant du Petit Inventeur n'est souvent que de surface et aide à entretenir des idées magiques, des superstitions, des rêves secrets qui, tant qu'ils n'ont pas été mis au grand jour par l'Adulte, biaisent toute l'activité de la personne.

Adulte

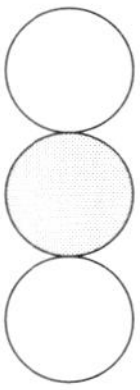

COMPORTEMENT GÉNÉRAL : neutre, écoute, reformule, cherche les informations objectives, prend de la distance pour mieux comprendre la réalité, les situations.

ATTITUDES PHYSIQUES : posture droite et détendue, ouverte et neutre, attentive, fréquents contacts oculaires avec l'interlocuteur, regard direct et neutre.

VOIX : égale, détendue, neutre, affirmation, négation, claire, confiante, calme.

EXPRESSIONS VERBALES : je vois ce que vous voulez dire, si je vous comprends bien, il est probable que, il y a deux solutions, hypothèses, en résumé ; les phrases de l'Adulte sont claires et concises, techniques, informatives, logiques, ont un contenu précis.

MOTS : quoi, quand, où, pourquoi, qui, comment, combien, oui, non, alternative, possibilité, probablement, relativement, je pense, faits, résultats, objectifs, moyens, méthode, exacte, inexacte, hypothèses.

CONTENU : faits, idées, probabilités. Informations sur la personne elle-même et sur son environnement. Méthodes d'analyse et de raisonnement.

ORIGINE : logique et culturelle.

ATTITUDES PAR RAPPORT AUX FAITS ET AUX PERSONNES : connaissance ou ignorance. Enregistrement ou non-enregistrement.

MONOLOGUES INTÉRIEURS :

En positif : j'ai confiance en moi. Quand je prends un problème en main, si je décide de le résoudre, alors je prends le temps et les moyens voulus et j'y arrive. Au fond, il n'y a pas de mystères.

En négatif : l'Adulte exclusif, sans contact avec l'Enfant ou le Parent, nie la richesse humaine de la personnalité. Il devient alors froid, distant, sans morale et sans spontanéité. Son discours intérieur devient mathématique : « Virons tout le monde, avec des machines, nous aurons moins de problèmes. »

AVANTAGES : véritable agent de transformation, il a la capacité de gérer et d'intégrer le potentiel des autres états du moi.

INCONVÉNIENTS : s'il n'intègre pas les besoins du Parent et de l'Enfant, il peut sembler froid, sans valeurs et sans sentiments profonds. Son développement est lent et il lui faut longtemps pour être réellement capable de prendre la direction de la personne. Il dépend de l'énergie de l'Enfant et du Parent, et doit donc être en accord avec eux pour bien fonctionner.

Les états du moi et la résolution de problèmes

Attitude des différents états du moi en matière de résolution de problèmes :

Parent Normatif

> *Il est gardien de la « loi », des valeurs et veille aux respects des limites et des normes. Il dirige le choix de solutions vers celles qui sont en accord avec ses valeurs. Cette attitude et cette solution peuvent être structurantes et dynamisantes, aussi bien pour un individu que pour un groupe. Elles peuvent aussi être inadaptées à la situation actuelle, ce qui est nuisible si elles sont imposées avec autorité et si ce qui n'entre pas dans le cadre est dévalorisé.*

Par exemple :

- J'ai toujours fait comme ça. Je n'ai pas de raison d'en changer ;
- Les jeunes aujourd'hui n'ont pas appris le sens du respect ;
- Compte tenu du budget familial, nous ne pouvons rien faire d'autre. C'est comme ça.

Parent Nourricier

> *Il valorise la personne et lui donne le droit à l'erreur. Il l'encourage à bien faire. Il met en place un climat propice au travail en groupe. Cependant trop rassurant, le Parent Nourricier peut encourager la faiblesse, excuser l'inefficacité et finalement favoriser une attitude trop permissive. Bref, il peut encourager et décourager, selon la personne et le contexte.*

Par exemple :

- Ne vous inquiétez pas pour cette erreur. De toute façon, l'expérience vous sera profitable ;
- Je ne suis pas sûr que tu aies raison, mais vas-y mon vieux, j'ai confiance ;
- Bravo pour ta réussite !

Enfant Spontané

> *L'Enfant Spontané ignore l'existence des problèmes, il n'en a pas. Il dit clairement ce qu'il veut et ce qu'il ne veut pas. Quand le plaisir ou la souffrance sont trop intenses, il les exprime fortement sous forme d'émotions qui sont alors difficiles à contenir. Les sensations sont extrêmement fines et riches d'informations pour l'Enfant Créateur et pour l'Adulte.*

Par exemple :

- Chouette !
- Ah non, je ne veux pas !

Enfant Adapté

> *L'Enfant Adapté répond aux problèmes en épousant des méthodes préétablies dont l'efficacité compte moins que le rapport qu'ils ont avec l'autorité (soumission ou rébellion). Plus que l'autorité externe, c'est le Parent Interne qui compte pour l'Enfant Adapté et c'est lui qu'il cherche à satisfaire en adoptant une attitude de soumission ou de rébellion, voire en visant le succès ou l'échec. C'est donc au niveau de l'Enfant Adapté que sont mis en œuvre certains comportements d'échec et de réussite. En cas de situation inhabituelle, l'Enfant Adapté sera peut-être inhibé par la crainte et l'hésitation.*

Par exemple :

- De toute façon, que voulez-vous y faire ? Ça ne changera jamais rien ;
- Je ne suis pas sûr du résultat, alors je préfère ne pas m'avancer ;
- Nous avons bien fait de rester chez nous. La météo est imprévisible.

Enfant Créateur

> *L'Enfant Créateur occupe une place importante dans la résolution de problèmes, fonction qu'il assurait presque en totalité avant que n'apparaisse l'Adulte. La qualité de ses observations en matière de relations humaines (faites dans le foyer familial) lui permet souvent « d'inventer » dans ce domaine la solution la plus élégante et la plus rapide. Mais son raisonnement est peu élaboré, il s'en tient donc à des solutions simples, quelquefois géniales mais souvent simplistes*

ou irréalistes. Les intuitions doivent donc être éclairées par l'Adulte. Dans ce cas, l'Enfant Créateur joue le rôle utile de « poisson pilote » ou de tête chercheuse, d'où l'importance qu'on lui donne dans la recherche de solutions créatives.

Par exemple :

- Il y a quelque chose qui se mijote, j'en suis sûr. Regarde cette activité ;
- Je sens que je suis sur une bonne piste, je suis certain que ça va bien se terminer.

Adulte

La résolution de problèmes (internes à la personne et avec l'environnement) est la fonction permanente de l'Adulte. Il émet des hypothèses, évalue des solutions (pèse le pour et le contre) sans jugements de valeur et sans émotions, ne survalorise pas les personnes, et décide quand cela est nécessaire. Son fonctionnement dépend de la qualité des informations et des programmes dont il dispose. Son perfectionnement est toujours possible, mais c'est un travail de longue haleine. En attendant, l'Adulte est souvent contraint par l'urgence à faire appel aux solutions toutes faites que lui proposent les autres états du moi : principes du Parent Autoritaire, recettes du Parent Nourricier, émotions de l'Enfant Spontané, automatismes de l'Enfant Adapté ou intuitions de l'Enfant Créateur. La question est alors d'avoir suffisamment d'énergie disponible pour garder le contrôle...

Méthode de résolution de problèmes à partir des états du moi

1. Formuler le problème en ces termes : « Comment faire pour… ».
2. Répondre aux questions suivantes :

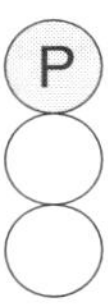

- Est-ce que je suis chargé de résoudre le problème, est-ce bien de ma responsabilité ? Sinon, de qui est-ce la responsabilité ? Souvent on voit des personnes surchargées par des problèmes qui ne les regardent absolument pas et qui les empêchent de mener à bien leur propre vie.

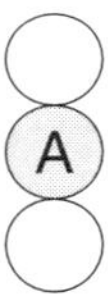

- Est-ce que j'ai les moyens (outils, aides, argent, informations, etc.) de résoudre le problème ? Sinon puis-je acquérir ces moyens et comment ?

- Ai-je envie que le problème soit résolu ? Sinon, comment faire pour avoir envie ? Il ne faut pas oublier que plus de 50 % de l'énergie et de la motivation d'une personne se trouve dans l'Enfant. Cette question peut donc être la plus importante pour trouver une solution efficace.

3. Répondre à la question « Comment puis-je saboter la résolution du problème ? ». Cette question permet de vérifier *a contrario* que l'Enfant est au service de la résolution du problème. En effet, on peut croire que l'on a envie de faire quelque chose, mais un sabotage subtil par l'Enfant non motivé peut tout détruire, par exemple :
   - Oublier son passeport au départ d'un voyage stressant.
   - S'habiller de façon inappropriée dans un environnement étranger.
4. Remarques : dans les méthodes classiques de la résolution de problèmes, l'énergie qui est dans l'Enfant et dans le Parent n'est généralement pas prise en considération et l'approche Adulte est seule utilisée. L'Analyse agit de façon cohérente avec l'Adulte, plutôt que de la contrer ou de la paralyser.

La notion de contrôle

> *« Attention : un état du moi peut en cacher un autre ! »*

Il est en fait très difficile de déterminer avec certitude l'état du moi à partir duquel s'exprime une personne. En effet, un état du moi en masque souvent un autre. Seule la personne concernée peut définir l'état du moi dans lequel elle se trouve, mais une des façons de mieux le préciser est de se demander où se trouve l'énergie de la personne.

Par exemple :

- Un père qui réprimande (P) son fils d'une manière violente a peut-être peur (E) de ne pas être à la hauteur de sa tâche de parent ;
- Quelqu'un qui vous pousse à manifester votre désaccord (l'Enfant Adapté Rebelle) le fait peut-être parce qu'il a peur de le faire lui-même (l'Enfant Adapté Soumis).

Le plus ou moins bon fonctionnement des états du moi d'une personne dépend essentiellement du fait que chaque état du moi peut jouer deux rôles :

- une fonction de direction et de contrôle ;
- une fonction d'action et d'expression.

En fait, c'est l'état du moi au contrôle qui fait agir ou s'exprimer les autres états du moi. Il faut pouvoir observer une personne pendant un certain temps afin de repérer la tendance générale de son comportement.

- **Si l'Adulte est au contrôle**, les actes de la personne tendent à lui assurer, à moyen et à long terme, les meilleures conditions de survie et d'épanouissement dans le cadre de la réalité présente. Le comportement de cette personne est stable dans l'ensemble car elle sait reconnaître et intégrer ses émotions (Enfant) et ses jugements de valeur (Parent).

L'ADULTE AU CONTRÔLE...
... peut s'exprimer par l'Adulte, le Parent ou l'Enfant.

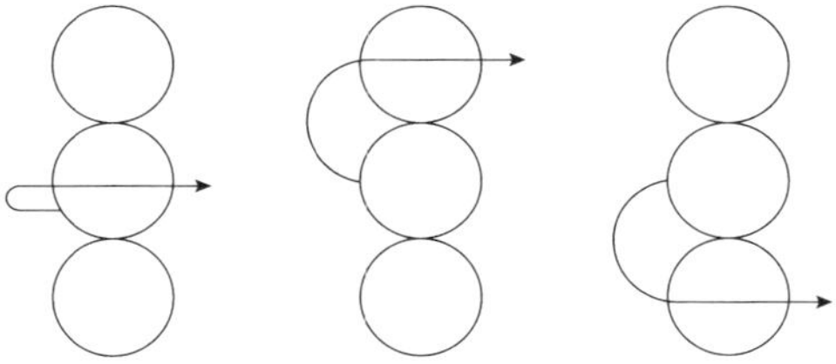

- **Si le Parent est au contrôle**, les actes de la personne tendent surtout à promouvoir ou à défendre des valeurs, fût-ce au détriment de sa propre survie et de son propre épanouissement, ou contre le désir de ceux pour le bien desquels elle prétend agir.

  Son comportement est apparemment stable mais peut laisser place à des crises émotionnelles intenses généralement cachées, car le contrôle du Parent implique toujours un certain refoulement des besoins et désirs de l'Enfant.

LE PARENT AU CONTRÔLE...
... peut s'exprimer par l'Adulte, le Parent ou par l'Enfant.

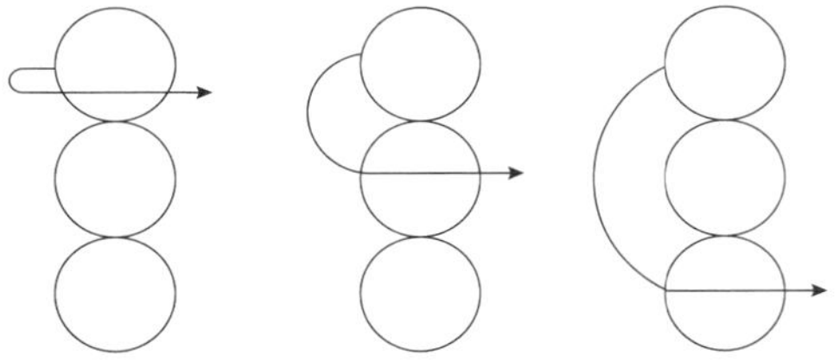

- **Si l'Enfant est au contrôle**, la personne est en fait le jouet de ses émotions et de ses sensations, c'est-à-dire que son comportement est extrêmement instable, intense émotionnellement, et qu'elle tient peu compte de la réalité, sauf à très court terme. La sécurité physique, économique ou sociale d'une telle personne est constamment menacée, car le contrôle de l'Enfant implique toujours une certaine exclusion de l'Adulte et du Parent.

L'ENFANT AU CONTRÔLE...
... peut s'exprimer par l'Enfant, l'Adulte ou par le Parent.

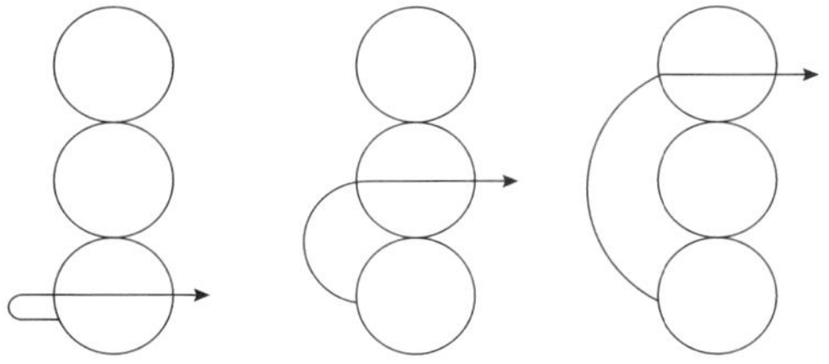

Comment mettre l'Adulte au contrôle ?

En se posant la question : quel est mon objectif, qu'est-ce que je veux, qu'est-ce que je décide ? Et, si nous sommes en relation avec quelqu'un, en définissant ou en reprécisant l'objectif commun (le contrat) qui nous lie.

Les contaminations

L'Adulte est toujours plus ou moins contaminé par le Parent et/ou par l'Enfant.

- **Il y a contamination de l'Adulte par le Parent** lorsque la personne tient pour Adulte, c'est-à-dire actuelle et vérifiée, une information erronée provenant du Parent. Une telle contamination constitue un « préjugé ».

Par exemple :

- Les femmes ne savent pas conduire, d'ailleurs combien de femmes pilotes de F1 connaissez-vous ?
- De nos jours, les diplômes ne préparent pas les jeunes à la vie active, la preuve c'est qu'ils finissent presque tous au chômage.

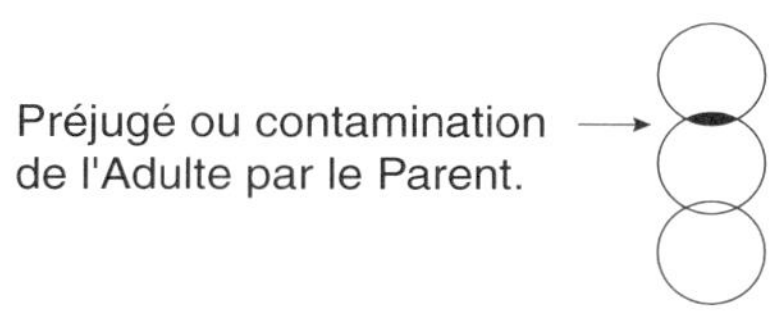

- **Il y a contamination de l'Adulte par l'Enfant** lorsque la personne tient pour une information Adulte une information provenant en fait de l'Enfant. Il s'agit généralement d'une sensation imprécise à forte charge émotive. Une telle contamination constitue une « illusion ».

Par exemple :

- Aujourd'hui, c'est mon jour de chance, rien ne peut m'arriver ;
- C'est pas possible, tout le monde m'en veut ;
- Dans cette association, je suis indispensable, rien ne peut se faire sans moi.

> *Les préjugés et les illusions coexistent généralement et dans ce cas se renforcent mutuellement.*

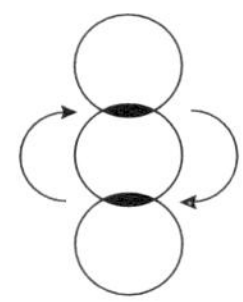

Origine des contaminations : le Parent et l'Adulte sont des adaptations socioculturelles créées par l'Enfant afin de survivre. C'est l'Enfant qui tire de l'environnement l'énergie nécessaire à la vie de la personne et qui en investit (ou non) une partie dans le Parent et l'Adulte. Si l'Adulte est trop faiblement investi, il ne peut alors faire tout le travail de défrichage nécessaire et laisse dans l'ombre de nombreuses zones, sans avoir la possibilité de faire les vérifications nécessaires : ce sont les contaminations.

Les exclusions

> *Il y a exclusion d'un état du moi lorsque celui-ci n'est jamais ou presque jamais investi ou utilisé par une personne.*

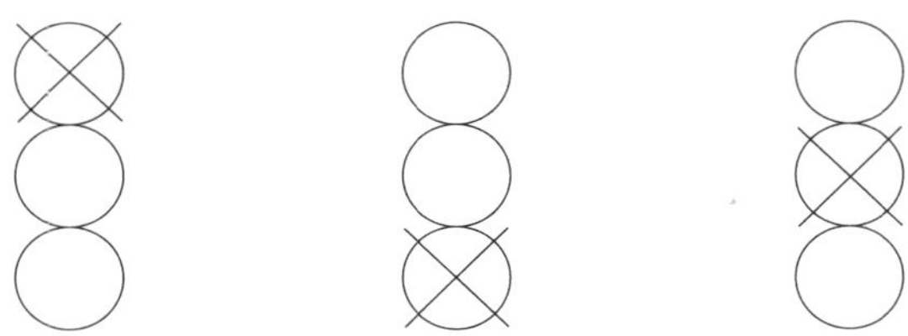

Parfois deux états du moi peuvent être exclus, ce qui fait qu'une personne ne fonctionne qu'à partir soit :

- De son Parent (Critique et/ou Nourricier et sermoneur en permanence) ;
- De son Enfant (personne complètement déconnectée de la réalité) ;
- De son Adulte (personne qui n'est qu'un « ordinateur »).

> *Une personne utilise de façon optimum ses trois états du moi lorsqu'elle met l'Adulte au contrôle.*

Les états du moi dans le développement de la personne

L'analyse transactionnelle permet :

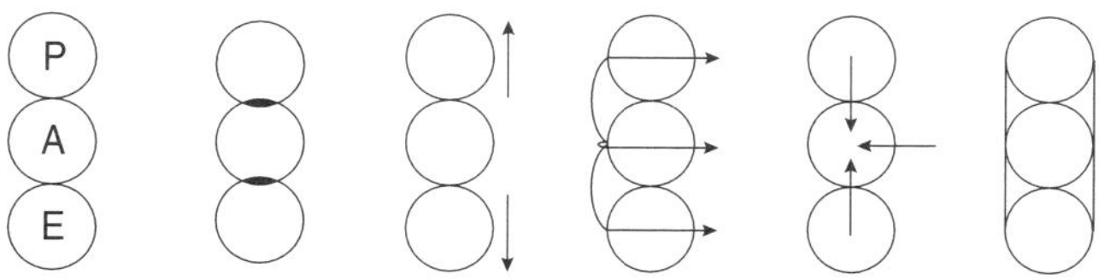

d'identifier et d'accepter les différents états du Moi	de percevoir les contaminations	de « décontaminer »	de mettre l'Adulte au contrôle	d'augmenter la compétence interne et externe de l'adulte	de mettre chaque état du moi au service de la personne intégrale

Au niveau collectif (famille, équipe sportive, clan d'amis...), le groupe sera donc d'autant plus efficace qu'il prendra en compte et intégrera les trois plans représentés par les trois états du moi :

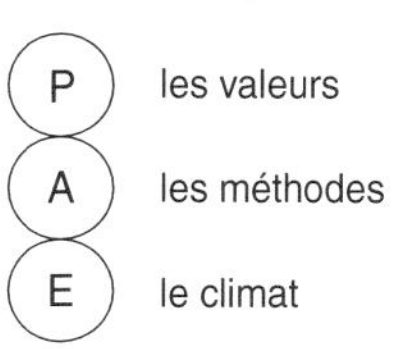

Faute d'intégrer ces trois plans dans une perspective d'ensemble, un collectif serait marqué par des contradictions, des frustrations, voire des conflits.

Au sein d'un groupe, l'analyse transactionnelle est un langage qui rend possible cette intégration.

États du moi et transactions

Que dit un PAE quand il rencontre un autre PAE ?

Il raconte des histoires de PAE !

Une personne donnée est dans sa vie professionnelle au centre de six niveaux de relations :

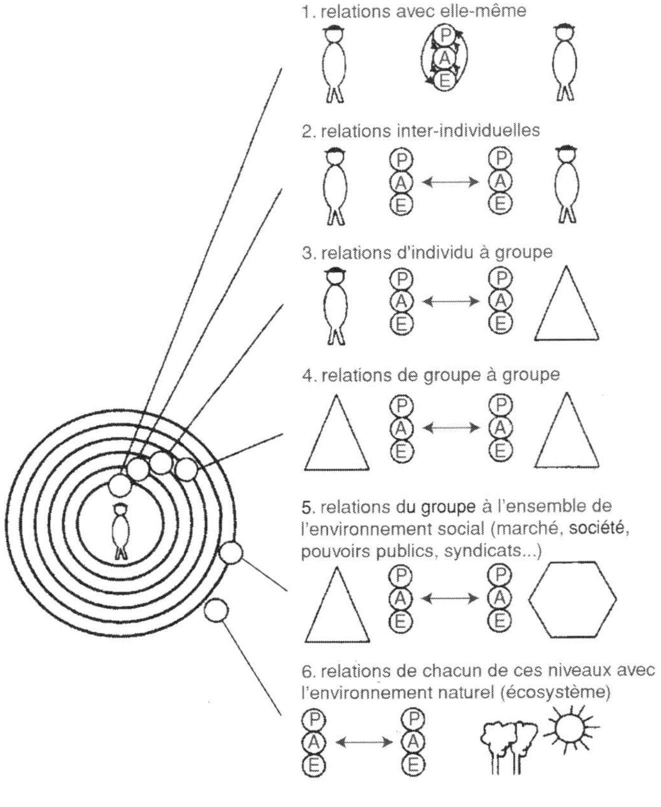

À chacun de ces niveaux, les relations s'établissent entre des Parents, des Adultes et des Enfants. L'unité d'échange s'appelle une transaction.

Pour résumer

Les états du moi illustrent et expliquent la complexité des réactions que peut avoir une personne ou un groupe lorsque confronté à des situations quotidiennes ou inhabituelles.

Ce concept, simple en apparence, est un premier outil sur lequel repose un grand nombre d'autres « outils » relationnels que nous verrons dans les chapitres suivants.

Chapitre 2

Les modèles de communication : les transactions

Une transaction est une unité d'échange social, un aller-retour complet entre deux ou plusieurs personnes (physiques ou morales), que cet échange porte sur des paroles, des écrits, des gestes, des regards, des objets, des contacts physiques, etc.

« Quand deux personnes se font face, il est bien évident qu'apparaissent alors six états du moi, trois pour chaque individu. (...) Puisque les états du moi diffèrent tout autant entre eux que les individus eux-mêmes, il est important de noter quel état du moi est actif chez chaque personne lors d'un échange. Sur le schéma, nous pouvons donc représenter par des flèches ce qui se passe entre ces deux personnes. »

(ERIC BERNE, *What do You Say After You Say Hello*,
Bantam Books, 1972, p. 14)

Une transaction est l'unité d'échange bilatéral entre deux états du moi. Les relations entre personnes et groupes sont constituées par des séries de transactions qui se succèdent. L'analyse transactionnelle permet d'analyser avec précision ces transactions et leur enchaînement et, de ce fait, permet une meilleure compréhension des phénomènes de communication.

Le contenu et la relation

Toute transaction transmet à la fois deux types d'informations :

- des informations sur le contenu du message : ce dont on parle ;
- des informations sur la relation entre les personnes : qui parle, à qui il parle, et comment il lui parle.

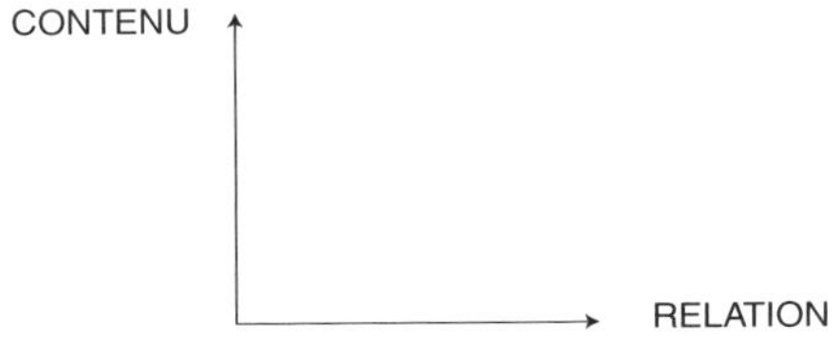

Les différentes sortes de transactions

Il y a un grand nombre de transactions différentes. Les plus importantes en communication sont expliquées ci-dessous. Prenez le temps de bien percevoir les différences dans les relations qui s'établissent par leur biais.

Les transactions simples

Transactions parallèles (complémentaires)

> *Il y a transaction parallèle ou complémentaire lorsque l'état du moi sollicité chez l'autre répond à l'état du moi qui a été à l'origine de la transaction.*

Deux états du moi sont alors concernés, et il n'y a pas d'imprévu dans la communication.

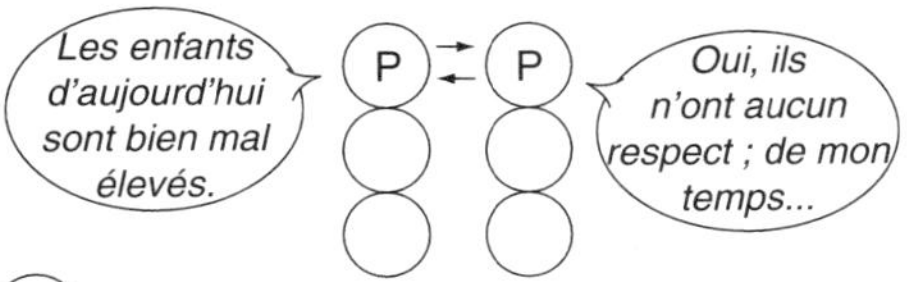

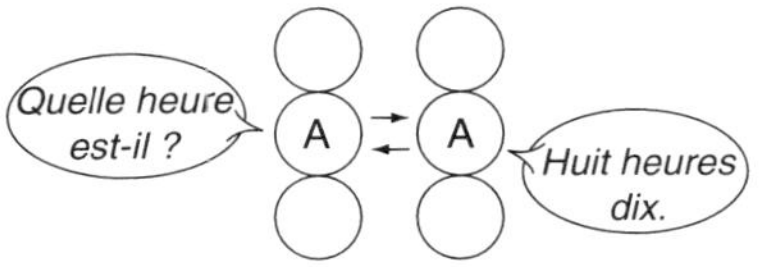

Les transactions complémentaires ont lieu des neuf façons suivantes :

- **Le Parent** peut établir une transaction avec le Parent, l'Adulte, l'Enfant.
- **L'Adulte** peut établir une transaction avec le Parent, l'Adulte, l'Enfant.
- **L'Enfant** peut établir une transaction avec le Parent, l'Adulte, l'Enfant.

Par contre, parmi ces neuf combinaisons possibles, quatre sont très courantes, et les autres peu employées. Les transactions courantes sont celles de P à E, de P à P, de A à A et de E à E.

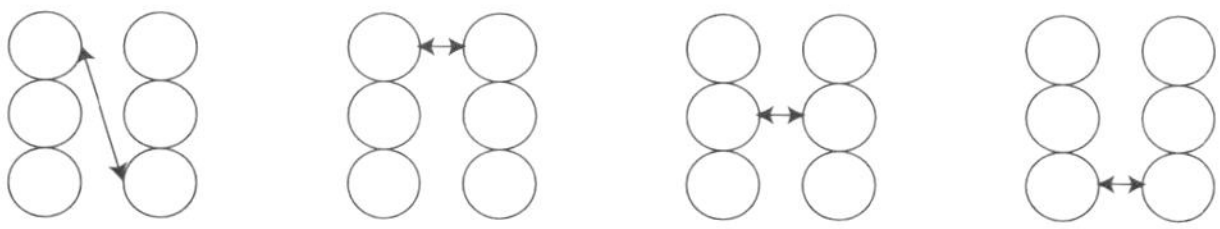

Transactions croisées

> *Il y a transaction croisée lorsque l'individu, dont un état du moi a été sollicité, ne répond pas à partir de cet état du moi et fournit à son interlocuteur une réponse inattendue. Trois états du moi voire plus sont alors concernés. Il en résulte une interruption au moins momentanée dans la communication.*

Un type de transaction croisée dans laquelle l'Enfant répond à un stimulus adressé à l'Adulte est, d'après Eric Berne, le fondateur de l'analyse transactionnelle, « probablement la cause la plus fréquente de mésentente dans les ménages et dans les rapports de travail aussi bien que dans la vie sociale ». (*Analyse transactionnelle et psychothérapie*, Payot, 1971, p. 96)

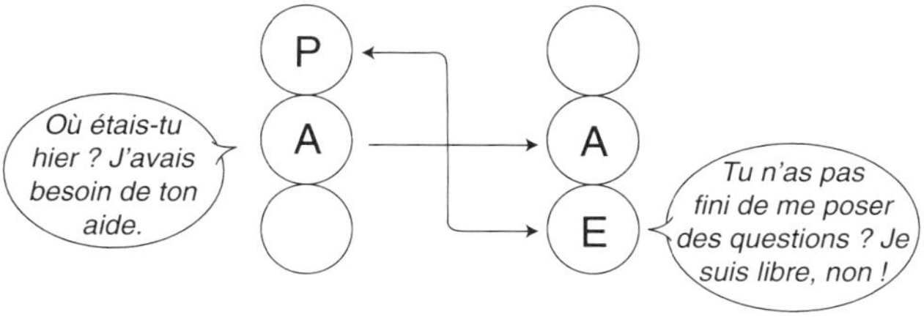

L'inverse se produit aussi couramment et c'est alors le Parent qui répond au stimulus adressé à l'Adulte. Ainsi, ajoute Eric Berne, « si quelqu'un posait une question rationnelle (...) en s'attendant à une réponse sensée, il (...) serait interloqué de se voir répondre toute une série de préjugés dogmatiques et irréfléchis, comme s'il était un enfant attardé qui a besoin d'être corrigé » (Idem).

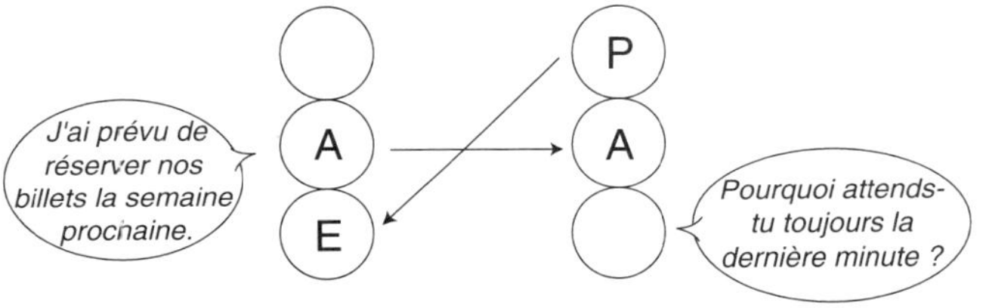

Autre exemple, initié par l'Enfant :

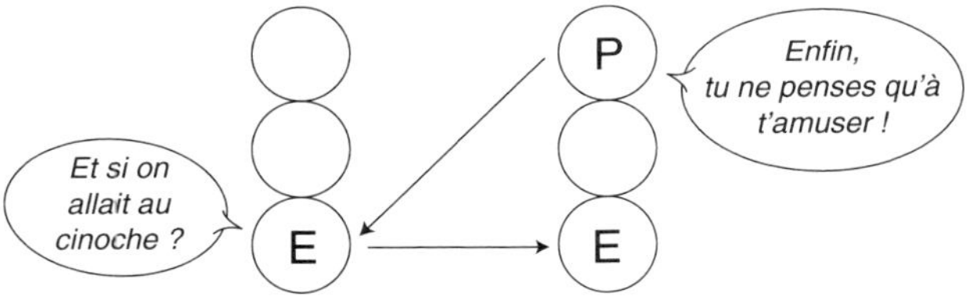

Mais croiser une transaction peut s'avérer efficace : ce peut être parfois une façon de rétablir une communication saine.

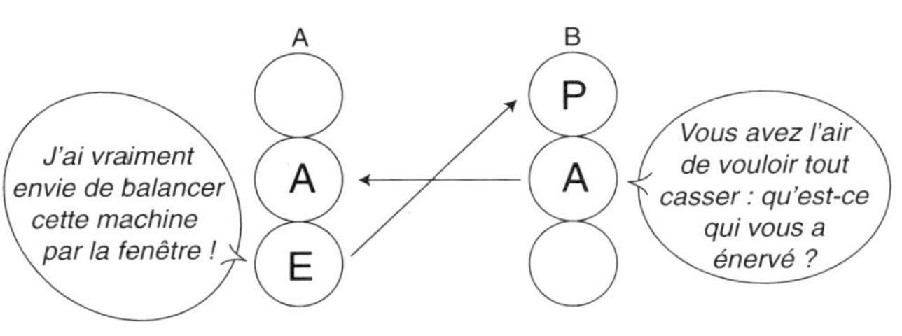

La question posée par l'Adulte de B pourra peut-être aider à résoudre le problème en activant l'Adulte de la personne A.

Dans *D'accord avec soi et avec les autres*, Thomas Harris explique la fâcheuse tendance qu'ont le Parent et l'Enfant à répondre à la place de l'Adulte :

> *« L'Adulte se développe plus tard que le Parent et l'Enfant et semble avoir du mal à rattraper ce retard tout au long de la vie. Le Parent et l'Enfant occupent les circuits primaires qui ont tendance à se manifester automatiquement en réponse aux stimuli. Le premier moyen de construire la force de l'Adulte, c'est donc d'identifier clairement le Parent et l'Enfant (...). Connaître son propre Enfant, être sensible à ses sentiments (...), c'est la première condition pour utiliser les données adultes. (...) Une façon de s'entraîner à identifier le Parent et l'Enfant, c'est de contrôler le dialogue intérieur. (...) Les dialogues intérieurs accusateurs sont fréquents. »* (Épi, 1973, p. 91)

Dialogue intérieur

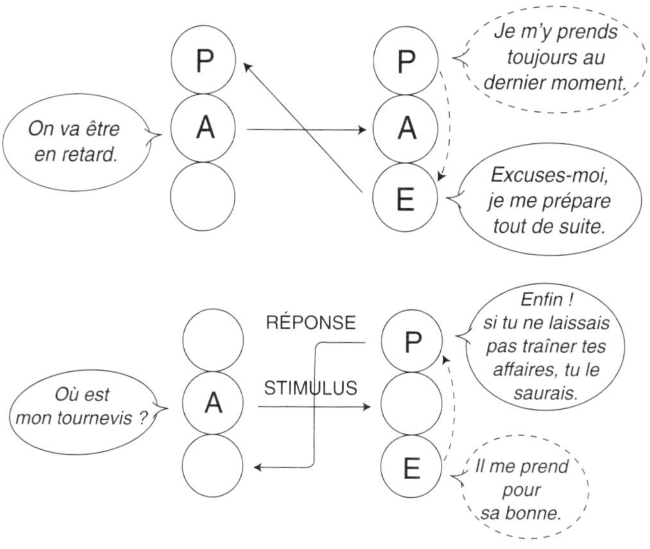

Les transactions doubles (cachées)

Les transactions doubles ou cachées se déroulent à plusieurs niveaux, que l'on peut généralement ramener à deux :

- un niveau apparent, ou niveau « social » (explicite, verbal, observable) ;
- un niveau caché, ou niveau « psychologique » (implicite, non verbal).

> *Une transaction qui se déroule ainsi à plusieurs niveaux met en jeu plusieurs états du moi chez chaque interlocuteur.*

- **Lorsque la transaction cachée porte sur le contenu du message**, il y a risque d'incompréhension ou de malentendu entre les interlocuteurs.

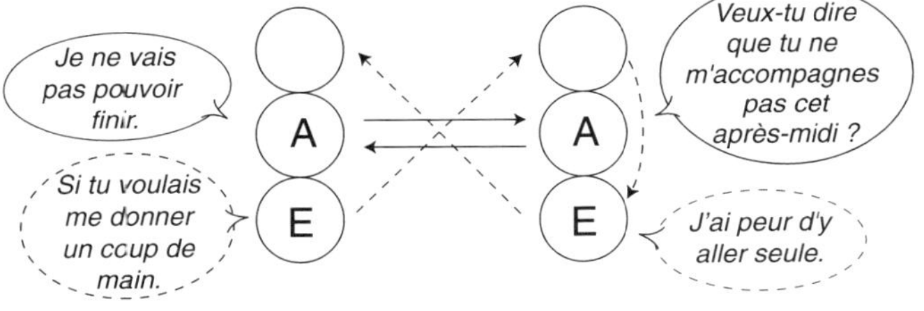

- **Par contre, si la transaction porte sur la relation entre les personnes**, il y a probablement manipulation.

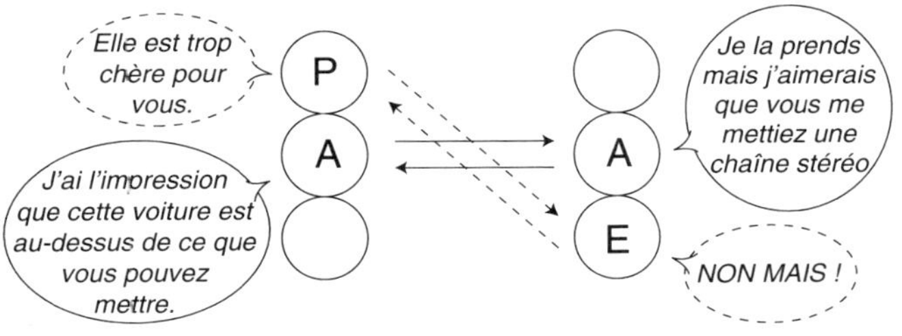

2. Les modèles de communication : les transactions

En dehors des cas où l'on désire n'être compris que par son interlocuteur direct, c'est bien souvent pour manipuler autrui que l'on utilise des transactions cachées :

- Par manque de temps, pour atteindre une efficacité immédiate quoiqu'à court terme ; par exemple, en intimidant une personne pour arrêter une discussion.
- Par désir d'atteindre des fins inavouées ; c'est le domaine des manipulations émotionnelles ; par exemple pour se faire aider sans l'avoir vraiment demandé.

Transaction du pendu

Une autre forme de transaction cachée est celle du « rire du pendu » :

> *« Toute réponse accompagnée d'un sourire aux malheurs d'un individu peut être considérée comme la transaction d'un pendu. C'est le cas quand :*
>
> *– Un professeur rit du comportement stupide de son élève ;*
>
> *– Une mère rit de son enfant gauche ;*
>
> *– Un père est fier des risques que prend son fils. »*

(MURIEL JAMES et DOROTHY JONGEWARD, *Born to Win*, Addison-Wesley, p. 31 ; édition française : *Naître gagnant*, Inter Édition, 2000)

Mais la plupart du temps, le rire du pendu consiste à rire de ses propres malheurs.

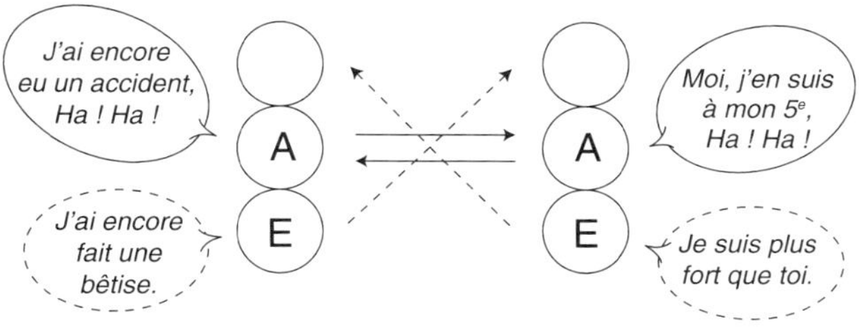

Transactions tangentielles

> *Il y a transaction tangentielle lorsque l'un des interlocuteurs ignore ce que dit l'autre, et, sans le dire, voire sans en être vraiment conscient, « change de sujet ».*

Par exemple :

- A : « Où est le dossier vert ? » (sujet : dossier vert).
- B : « Pourquoi ? » (sujet : question de A).

Par exemple :

- A : « Quand partez-vous en vacances ? » (question : quand).
- B : « Je pars en Espagne » (réponse : où).

De telles transactions sont souvent ressenties comme bloquantes, voire dévalorisantes, car les deux interlocuteurs ne manquent pas de combler à coups de messages cachés, réels ou supposés, les « blancs » d'une telle communication. Ces « blancs », c'est-à-dire ces impasses volontaires et/ou involontaires faites sur le contenu et/ou la relation, sont souvent des sources de malentendus, et donc des instruments de manipulation.

Les transactions Adulte-Adulte

> *Dans le domaine de la communication, les transactions Parent-Enfant et, moins couramment, les transactions Parent-Parent, Enfant-Enfant, sont les principales responsables des dysfonctionnements fonctionnels et relationnels.*

Il est donc important d'être en mesure de faire appel, chez soi-même et chez l'autre, à une relation Adulte-Adulte pour pouvoir résoudre les problèmes courants de la vie collective.

Il y a plusieurs manières connues d'inciter une telle réaction : celles-ci font partie des techniques de communication.

Ces techniques, que nous vous présenterons avec plus de détails par ailleurs, sont en fait des moyens d'augmenter la quantité d'information reçue et traitée par l'Adulte. Elles sont des « recettes » qui permettent de dénouer des situations bloquées ou conflictuelles et de recentrer l'énergie des personnes sur la tâche à accomplir ou l'objectif à atteindre.

Un adulte à la recherche d'informations :

1. Écoute.
2. Pose des questions :
   - Ouvertes, pour obtenir le maximum d'informations, d'opinions et de sentiments ;

Par exemple : que pensez-vous de mon rapport ? Quelle est votre réaction au discours du président ?

   - Fermées, pour obtenir un accord, une prise de position claire ou une décision ;

Par exemple : acceptez-vous ces conditions ? Voulez-vous qu'on prenne un rendez-vous demain ou après-demain ?

   - Neutres, pour ne pas influencer le sens ou le contenu de la réponse, les questions dites « influencées » ou orientées étant souvent originaires du Parent ou de l'Enfant ;

Par exemple : plutôt que la question « que pensez-vous de mon idée géniale ? », posez une question neutre qui ressemble à une question ouverte : « Que pensez-vous de cette idée ? »

Mais les questions ne suffisent pas car l'interlocuteur peut donner des réponses insatisfaisantes, ou à côté, qui :

- ne permettent pas de faire avancer l'entretien ;
- n'expriment pas clairement la pensée de l'interlocuteur ;
- cachent des incertitudes, des préoccupations, des problèmes ;
- représentent des comportements de fuite ou de méfiance, etc.

L'Adulte a alors intérêt à relancer son interlocuteur pour « en savoir plus » sans le bloquer et sans trop l'influencer, en lui faisant comprendre ainsi qu'il est là pour « résoudre un problème » de la manière la plus favorable possible.

Il dispose alors des moyens essentiels de « relances » du dialogue, telles que la phrase neutre, ou la reformulation et la ré-expression des sentiments.

Ces techniques de communication et leur relation aux différents thèmes de l'analyse transactionnelle font l'objet d'un exposé plus détaillé au chapitre 7. Nous choisissons ici de ne faire que souligner leur importance par rapport à l'efficacité de l'Adulte et à un climat satisfaisant de relation.

Les règles de communication

- **Aussi longtemps que les transactions sont complémentaires**, la communication se maintient.
- **Lorsque la transaction est croisée**, la communication est soit interrompue, soit rompue.
- **L'issue des transactions doubles** est déterminée plutôt au niveau psychologique qu'au niveau social.

Les transactions sont des interactions

Si l'on ne prend en compte que l'aspect verbal d'une transaction, il peut sembler que celle-ci ait un début, appelé stimulation initiale (la première phrase prononcée) et une fin, appelée réponse.

Mais, si l'échange se poursuit, la réponse devient la stimulation qui donne naissance à une nouvelle réponse... et cette interaction constante entre les interlocuteurs est encore plus nette si l'on prend en compte les aspects non verbaux de la communication.

> *Une transaction ou une série de transactions est donc autre chose qu'une succession de causes et d'effets ; c'est un circuit d'échanges d'informations, une INTERaction entre des INTERlocuteurs.*

Cette vue d'ensemble que propose l'analyse transactionnelle est importante parce qu'en analysant le système rationnel, elle déculpabilise l'individu. La recherche de la cause perd une grande partie de son sens dans le domaine de l'analyse des transactions (l'Analyse transactionnelle) pour être remplacée par la recherche des solutions.

Recherche de la cause

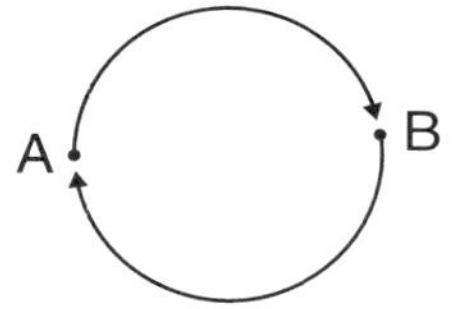

Pour résumer

Les transactions sont les premiers éléments de l'échange entre deux personnes.

Elles illustrent une première complexité qui peut apparaître dans nos relations quotidiennes, ou plutôt entre les états du moi en dialogue.

Les transactions permettent donc de mieux comprendre notre communication, et éventuellement de la changer pour obtenir un résultat plus satisfaisant.

Chapitre 3

Les relations de dépendance et d'autonomie : la symbiose

- « Quelle heure est-il ? »
  « L'heure que vous voudrez, monsieur le Président. »
- Demandez à un jeune enfant son nom et la réponse viendra souvent de sa mère.
- Posez une question concernant les finances d'un couple à la femme, et vous verrez, presque aussi souvent, le mari répondre à sa place.

Ces trois situations similaires peuvent être signe d'une relation particulière appelée une symbiose.

Relation d'autonomie et relation symbiotique

Une relation entre deux personnes (physiques ou morales) peut être une relation d'autonomie (les deux personnes sont indépendantes l'une de l'autre et mettent en commun leurs ressources) ou une relation symbiotique (les deux personnes sont fondamentalement dépendantes l'une de l'autre).

> *Il y a symbiose lorsque deux ou plusieurs personnes se comportent comme si elles n'étaient à elles toutes qu'une seule personne.*

En fait aucune des deux personnes ne fait fonctionner ses trois états du moi, et aucune des deux n'est vraiment autonome.

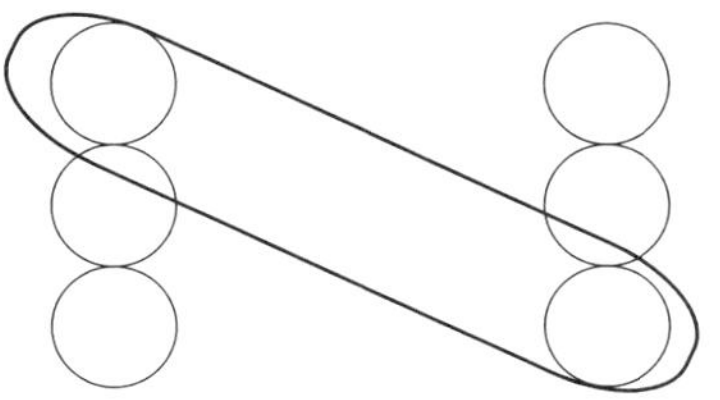

Les caractéristiques de la symbiose

La caractéristique la plus observable d'une symbiose concernant deux personnes est que la majorité des transactions entre elles sont complémentaires Parent-**Enfant**.

Par ailleurs :

- **La survie de chacune des personnes dépend de celle de l'autre.**

Par exemple :

- Un veuf qui se sent démuni après la perte de sa femme ;
- Une femme qui se suicide après avoir été abandonnée par son époux.

- **On peut repérer qu'une personne est prise dans une relation symbiotique lorsqu'elle s'identifie à quelqu'un ou à quelque chose qu'elle n'est pas.**

Par exemple :

- Un Français qui défend jusqu'aux fautes les plus graves de son gouvernement ;
- Un chef de service qui répond à une question posée à l'une de ses employées.

- **À elles deux, deux personnes ou entités n'en font qu'une.** Ceci exprime entre elles une union apparente, payée d'une certaine efficacité. Il n'y a en tout que trois états du moi qui sont en relation :
  - **Dans la symbiose :** 1 + 1 = 1 ;
  - Alors que **dans la relation d'autonomie :** 1 + 1 ≥ 2.

- **La relation symbiotique est principalement une relation Parent-Enfant Adapté et exclut donc des transactions P-P, P-A, A-A et E-E satisfaisantes.** Dans une relation symbiotique, seuls deux types de transactions sont possibles entre les trois états du moi activés : P-E, A-E.

3. Les relations de dépendance et d'autonomie : la symbiose

Par exemple : la symbiose entre un père autoritaire et un fils adapté.

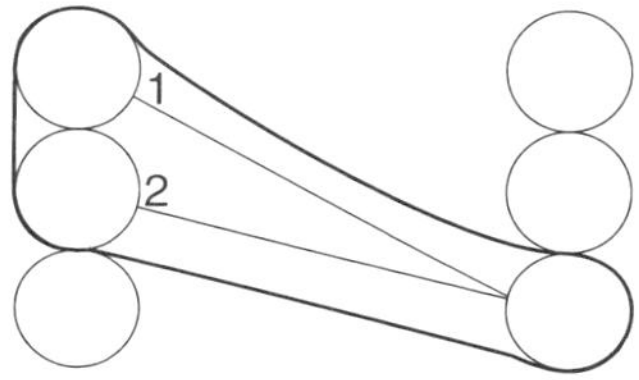

▶ **La pensée Adulte joue peu de rôle dans la symbiose car l'Adulte y est toujours contaminé** ; néanmoins, les transactions Adulte-Adulte sont possibles, soit sous le contrôle du Parent, soit sous le contrôle de l'Enfant Adapté.

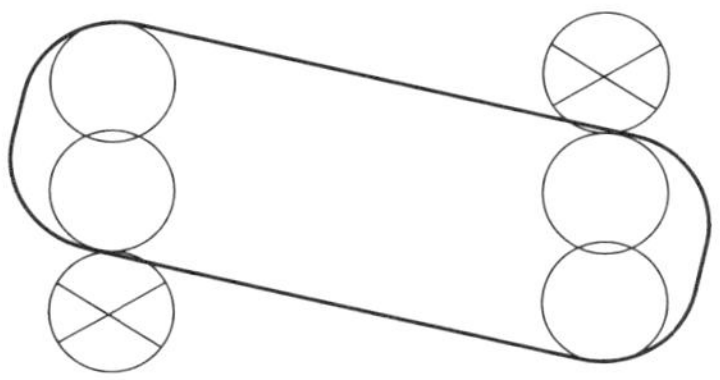

La contresymbiose et la chaîne symbiotique

La symbiose est une relation en équilibre instable. Il lui faut donc pour cela des contrepoids.

Elle le trouve de deux façons :

▶ **La contresymbiose qui équilibre la symbiose.**

Symbiose : sur le plan professionnel et financier, le mari joue le rôle de Parent et d'Adulte, alors que la femme s'enferme dans un rôle d'Enfant dépendant.

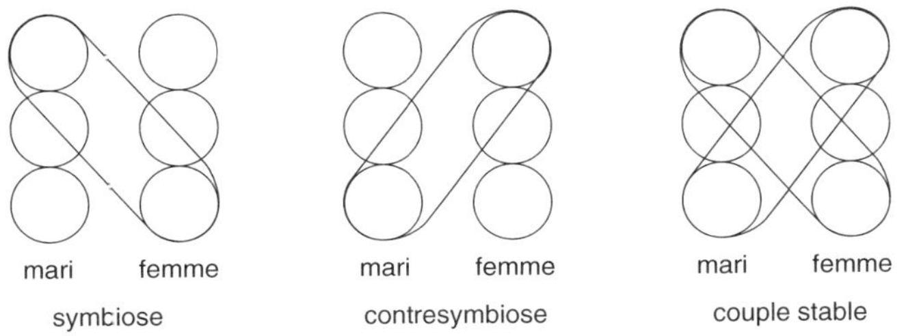

Contresymbiose : sur le plan de la vie au foyer, le mari se comporte comme le plus dépendant des enfants de sa femme.

- **La chaîne symbiotique qui transmet le déséquilibre dans une hiérarchie plus complexe.**

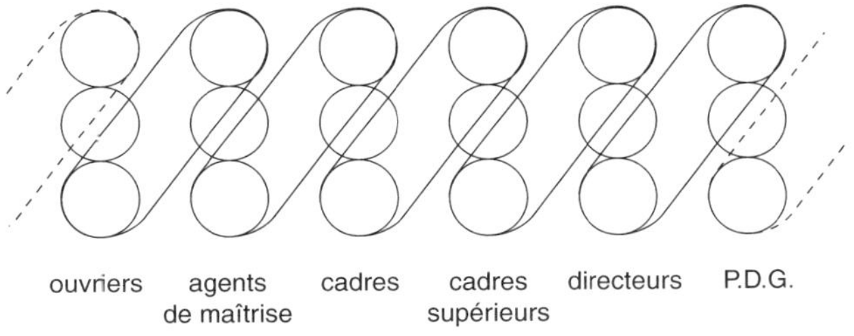

On peut noter qu'un problème particulier se pose pour les maillons qui occupent les bouts de la chaîne ; le PDG et l'ouvrier, dans notre exemple.

Dévalorisation, survalorisation (méconnaissances)

> *Chez les personnes adultes, la symbiose exprime une dépendance imaginaire et non plus une dépendance réelle comme c'était le cas dans l'enfance.*

3. Les relations de dépendance et d'autonomie : la symbiose

En effet, le petit enfant dépend physiquement (Enfant), techniquement (Adulte) et socialement (Parent) des grandes personnes qui s'occupent de lui. Cette dépendance réelle s'exprime donc par une symbiose sans contamination.

Situation de dépendance passée

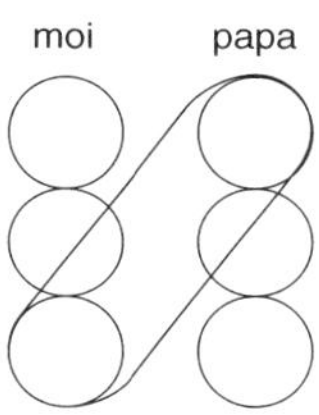

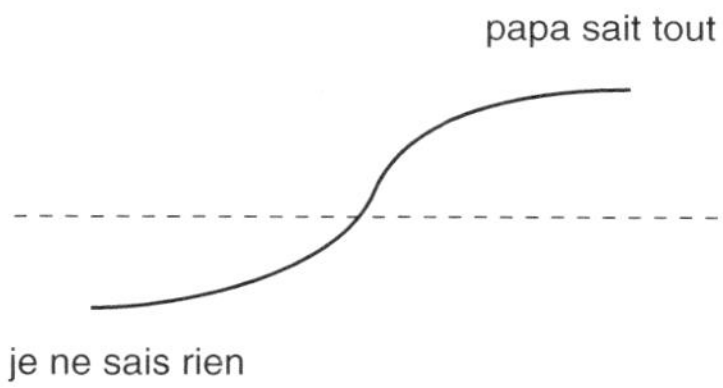

Par contre, la dépendance psychologique d'une grande personne par rapport à une autre est imaginaire, elle suppose donc l'existence de contaminations et d'exclusions chez les personnes qui sont en symbiose.

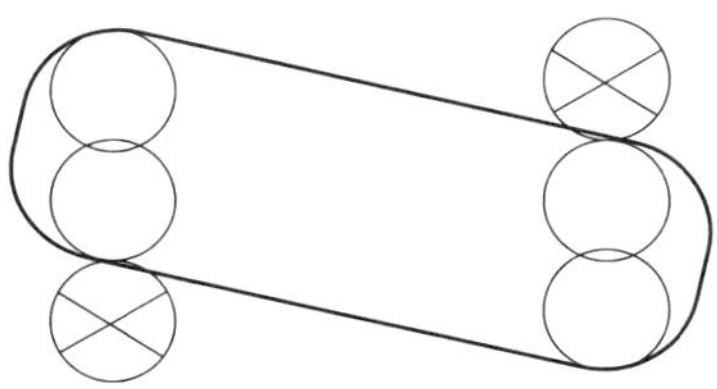

Par exemple : Une jeune personne en relation symbiotique se paralyse dès qu'elle se trouve en face de son médecin car elle a l'impression que celui-ci sait tout et qu'elle ne sait rien. Ce faisant, elle dévalorise ses capacités et survalorise celles de l'autre.

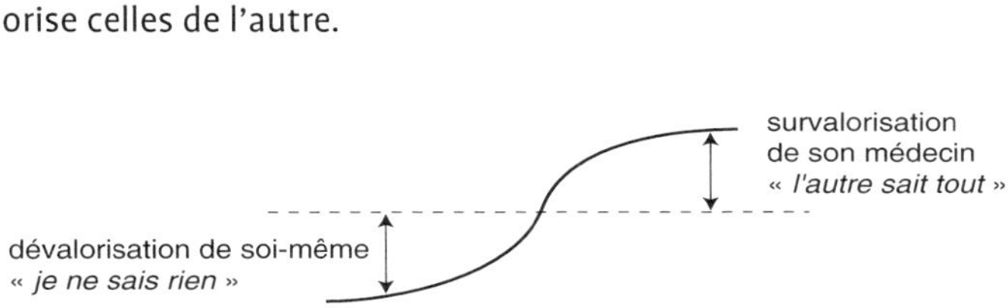

On voit clairement que cette jeune personne s'enferme en imagination dans le type de rapport qu'elle a vécu avec son propre père dans son enfance.

Le cas n'est pas rare de tels rapports Parents-Enfant entre patrons et subordonnés, notables et leurs clients, élus et citoyens. Il est intéressant de souligner que les mots « père » et « patron » ont la même étymologie : *pater* en latin.

Si la relation était une relation d'autonomie, chaque personne dans nos exemples dirait plutôt : « Je sais certaines choses et l'autre aussi. »

Par exemple :

- « J'ai une formation universitaire et il a l'expérience » ;
- « Je suis créatif et il est rigoureux ».

En relation d'autonomie, chacun ne fait ni dévalorisation ni survalorisation de lui-même, ni de l'autre. Chacun tire le meilleur parti de ses compétences réciproques dans un esprit de coopération.

Aucun état du moi n'est exclu de la relation qui comprend ainsi toutes les formes de transaction.

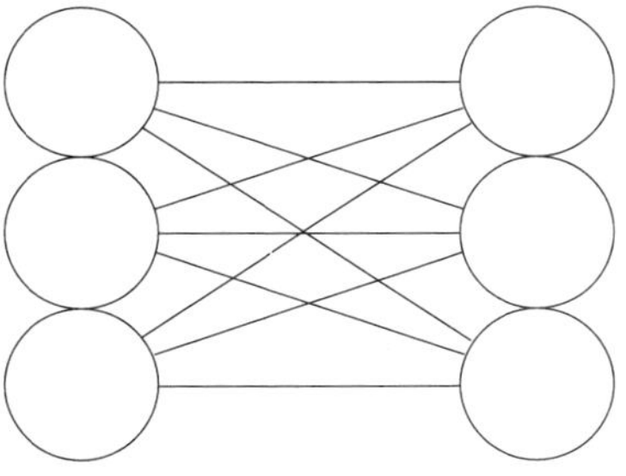

Il est possible de dévaloriser (ou de survaloriser) :

▸ Un problème

Par exemple :

- « Ça, ce n'est vraiment pas mon problème » ;
- « Si c'est votre seul problème, ne vous plaignez pas ».

- **Une solution**

Par exemple :

- « Voyons, cette solution est inapplicable » ;
- « Pensez bien que si c'était possible, on l'aurait fait ».

- **La possibilité de résoudre un problème**

Par exemple :

- « Les choses ont toujours été comme ça » ;
- « Vous savez qu'on n'y peut rien » ;
- « On ne peut rien faire dans ce domaine, vous le savez bien ».

- **Une personne**, voire, à l'intérieur de la personne, tel ou tel de ses états du moi

Par exemple :

- « Réfléchissez au lieu de poser des questions idiotes » ;
- « Vous voyez toujours des problèmes là où il n'y en a pas ».

> *On remarquera que toute dévalorisation ou survalorisation s'exprime sous la forme d'une transaction croisée.*

Dévalorisation de l'intuition (Enfant Créateur)

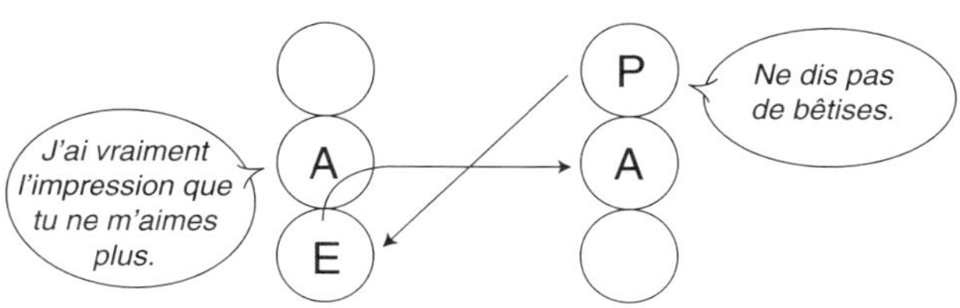

Dévalorisation de la logique (Adulte)

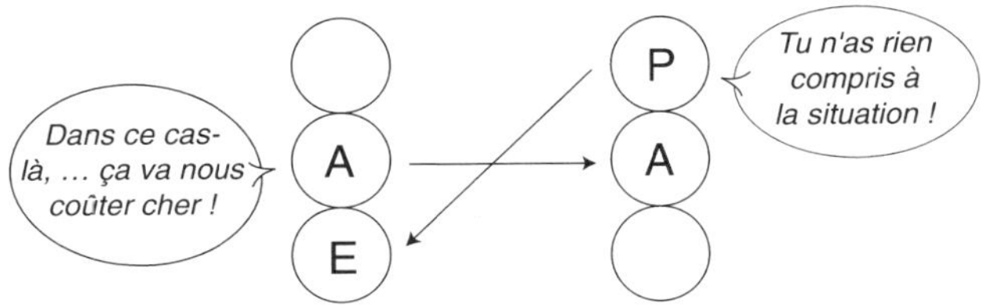

Dévalorisation du jugement moral (Parent)

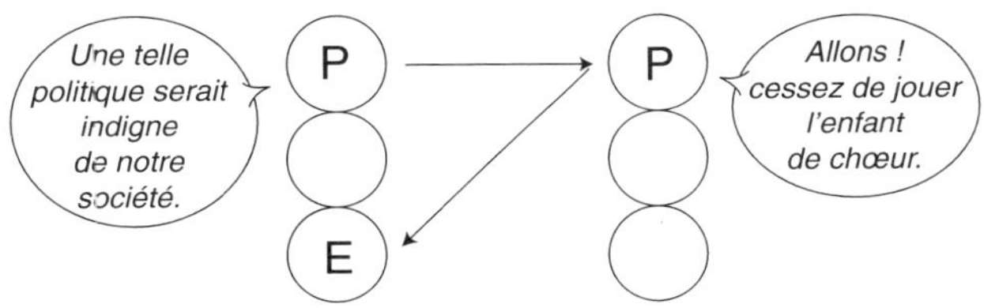

Lorsqu'une personne est dévalorisée, elle risque d'intérioriser cette dévalorisation et d'exclure l'état du moi dévalorisé. La dévalorisation ne corrige donc pas le comportement de cette personne mais le modifie brutalement en entraînant chez elle une division interne et une perturbation dans le fonctionnement de l'état du moi visé.

Les quatre formes de passivité

> *L'Adulte joue, comme nous l'avons vu, un petit rôle dans la symbiose. Celle-ci se manifeste donc aussi par la non-résolution de problème, c'est-à-dire par la passivité.*

3. Les relations de dépendance et d'autonomie : la symbiose

Il y a quatre formes de comportements passifs liés à la résolution d'un problème :

► Ne rien faire

La forme de passivité la plus évidente consiste souvent à faire autre chose que de résoudre le problème.

Par exemple :

- Reporter à plus tard, croire que ça « s'arrangera » ;
- Éviter de prendre une décision difficile, et, à la place, demander à tout le monde de donner son avis.

► La suradaptation

La personne déploie toute son énergie et toute son intelligence pour que les contradictions qui sont à la base du problème n'apparaissent pas, pour ne pas résoudre le problème.

Par exemple :

- Une personne qui ne sait pas comment traiter un problème dans son couple bricole sa maison durant tout son temps libre ;
- Une autre est spécialiste des retards : c'est toujours la bousculade à la dernière minute.

► L'agitation

La personne reporte son activité sur une activité parasitaire, intense mais mal structurée et improductive.

Par exemple :

- Du tic nerveux à l'activité brouillonne ;
- Parler beaucoup au lieu d'écouter, allumer une cigarette « fébrilement ».

► L'incapacité ou la violence

La personne se met en situation de ne pas pouvoir résoudre le problème et évite d'assumer directement la responsabilité de son impuissance ; elle attribue son état à la malchance (c'est l'incapacité : accident, infarctus, maladie, dépression, absentéisme, etc.) ou encore elle l'attribue à autrui (c'est la violence : il m'a mis en colère, etc.).

> *Sortir de l'une des formes de passivité est souvent le plus sûr moyen de tomber dans l'une des trois autres. La suradaptation étant la forme de passivité dans laquelle l'énergie est la mieux canalisée, elle est aussi celle qui se prête le mieux au passage à une attitude véritable de résolution de problème.*

Exercice

Questionnaire de résolution de problème

Ce questionnaire peut être considéré comme une suite au préalable qui concerne la résolution de problèmes (p. 43) :

- Est-ce ma responsabilité ?
- En ai-je les moyens ?
- Ai-je vraiment envie ?

Comme le questionnaire précédent, il vise la résolution de problèmes de relation ou de communication, plutôt que de problèmes techniques. Mais l'objectif de ce questionnaire est de faire ressortir des éléments de symbiose qui pourraient être à la base d'une situation bloquée.

1. En général, les problèmes que j'ai dans mes relations amicales sont :

....

Particulièrement dans la relation suivante :

....

2. Ce que j'ai envie de changer dans ma famille, c'est :

....

Particulièrement dans la relation suivante :

....

3. Ce qu'il faut que je change dans mes relations de travail, c'est :

....

Particulièrement dans la relation suivante :

....

4. S'agit-il bien de moi ou de mes problèmes ? De quelque chose qui me concerne ?

....

Qu'est-ce que je ne veux pas changer, qui peut toucher au problème ?

....

Quels sont les moyens dont je dispose pour résoudre ce problème (temps, argent, relations, motivation, connaissance, formation, santé, etc.) ?

....

Quels sont les moyens qui me manquent pour le résoudre ?

....

Quels sont les moyens que j'ai mais que je n'utilise pas de manière efficace ?

....

Comment vais-je obtenir les moyens qui me manquent et dans quels délais ?

....

Si je ne voulais pas obtenir ces moyens, comment est-ce que je m'y prendrais ?

....

Si je voulais éviter le problème, quelles activités est-ce que j'entreprendrais ?

....

5. Quelle est la personne qui peut le mieux m'aider à résoudre ce problème ?

....

Si je voulais qu'elle s'occupe de moi et de mon problème, comment est-ce que je m'y prendrais ?

....

Si je voulais prendre la responsabilité de résoudre le problème sans dépendre d'autrui, comment devrais-je m'y prendre ?

....

Si je n'avais pas assez de temps pour résoudre ce problème, ce serait en raison de quelle activité ?

....

6. Comment pourrais-je diviser ce problème en plusieurs étapes ou en plusieurs points différents ?

– ....

– ....

– ....

7. Combien de temps me faut-il pour arriver au terme de chaque étape ?

....

Et pour arriver à la solution entière du problème ?

....

8. Je saurais que le problème est convenablement résolu quand :

....

9. Les autres (mes relations de travail) sauront que j'ai résolu ce problème quand :

....

Symbiose et transformation

L'analyse transactionnelle permet à une personne (physique ou morale) de percevoir les relations et les communications symbiotiques qu'elle entretient à tous les niveaux de la réalité.

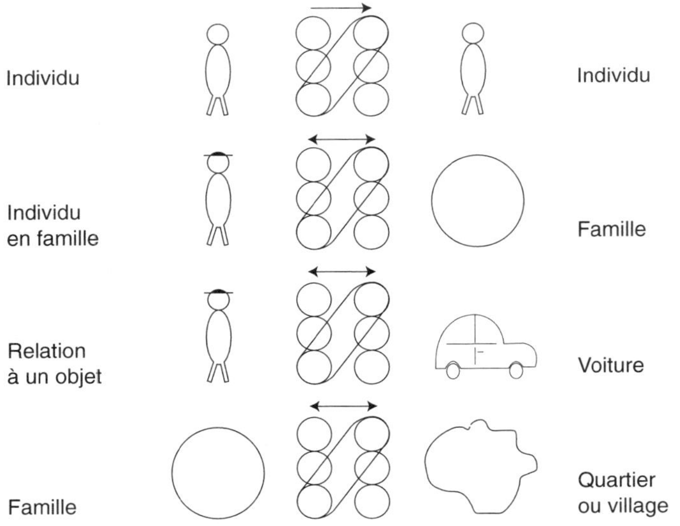

3. Les relations de dépendance et d'autonomie : la symbiose

La transformation pour cette personne physique ou morale consiste à :

- Percevoir les symbioses dans ses relations ;
- Percevoir les dévalorisations et survalorisations implicites dans ses relations ;
- Percevoir les formes de passivité qu'elle entretient et les supprimer ;
- Développer et mettre en œuvre une action de transformation permettant l'établissement d'une relation autonome, efficace et valorisante pour elle et pour autrui.

La symbiose saine

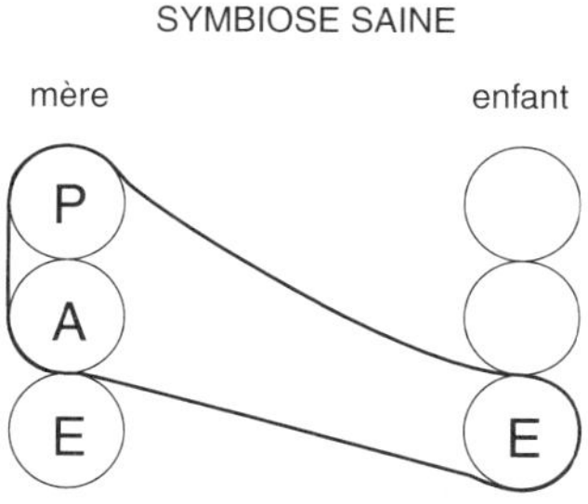

> *À l'entrée dans la vie, la symbiose est nécessaire et saine, sinon il n'y aurait pas de race humaine. Ce qui est difficile par la suite, c'est de se détacher de ce schéma primal que l'on peut chercher à reproduire avec son entourage.*

Symbiose saine

- Dans une relation équilibrée, il peut y avoir à un moment ou à un autre des éléments symbiotiques. Lors d'un deuil ou d'un changement signifiant pour l'un des membres du couple, l'autre va assurer une prise en charge momentanée.

- D'autre part, la possibilité d'une symbiose contractuelle existe. Ce qui sous-entend que chacun des partenaires est d'accord sur la répartition des rôles et ce, sur une période donnée.
- De plus, dans la mesure où toute relation Parent-**Enfant est symbiotique, elle est aussi une voie vers une évolution, un changement.**
- Dans un couple qui s'aime et qui fonctionne bien, où chacun respecte et accepte l'autre en tant que personne, on peut parler de symbiose saine et alors $1 + 1 > 2$.

Pour résumer

La symbiose est une relation de complémentarité ou de dépendance positive ou négative entre personnes physiques ou morales, entités ou objets, caractérisée par l'absence, l'exclusion de certains des états du moi des partenaires.

Par conséquent, une partie du potentiel de ce partenariat est exclue de la relation.

Chapitre 4

Un besoin fondamental, être reconnu : les stimulations (signes de reconnaissance)

- Comment se fait-il qu'un enfant fait souvent plus de bêtises lorsqu'il y a des invités, ou bien qu'il semble avoir besoin de plus d'attention lorsqu'un dernier-né apparaît dans la famille ?
- Comment se fait-il que certains individus soient plus sujets à des accidents dits « sans raison » ?
- Ou encore, comment se fait-il que lorsque vous faites un compliment à certaines personnes, elles sont gênées ou considèrent que c'est de la « pommade », ou encore elles vous disent qu'elles ne sont pas responsables de cette réussite ?

Vous pouvez trouver des éléments de réponse à ces questions dans la théorie de l'analyse transactionnelle, et plus précisément dans la théorie des stimulations ou des signes de reconnaissance.

> *Nous pouvons définir une stimulation (stroke, en anglais) comme un signe de reconnaissance échangé entre deux états du moi, deux personnes, deux groupes… Ce signe de reconnaissance est un moyen par lequel l'un d'entre eux reconnaît l'existence de l'autre, par le biais d'un geste, d'un acte, d'une parole, etc.*

Par exemple :

- « Bonjour ! Comment ça va ? » ;
- … (Sans paroles, mais un clin d'œil).

Le besoin de stimulations

Le besoin de stimulations est en fait un besoin vital, autant que les besoins de nourriture, de chaleur, de sommeil… C'est, d'une façon générale, un besoin d'échange avec l'environnement, physique ou social. Ainsi, recevoir un signe de reconnaissance, c'est se nourrir. L'absence d'échanges avec l'environnement, l'absence de stimulations sont cause de souffrance, voire de maladie physique, de désordres émotionnels plus ou moins graves, et même de mort, comme le montrent de nombreuses observations faites sur les singes élevés dans l'isolement, les enfants orphelins recueillis dans les hôpitaux, les prisonniers, etc. (cf. les travaux de Harlow et Spitz).

Puisque l'on peut mourir faute de stimulations, alors que tous les besoins « physiologiques » sont satisfaits, on peut considérer celles-ci comme nous apportant l'énergie dont nous avons besoin pour vivre, nous développer, nous épanouir.

> *Dès lors, notre comportement, nos habitudes, notre caractère, notre personnalité apparaissent comme les solutions que nous utilisons pour résoudre au mieux le problème suivant : comment avoir, le plus possible, les stimulations que je veux, quand je les veux et autant que j'en veux ?*

Les types de stimulations

Physiques et sociales

> *Le besoin de stimulations porte d'abord sur des stimulations physiques, et se transforme ensuite, en grande partie, en un besoin de stimulations sociales (paroles, argent, pouvoir, honneurs...). Cependant, le besoin de stimulations physiques ne disparaît pas complètement, pas plus que chez la « grande personne » ne disparaît l'Enfant.*

Il semble bien que nous ne fassions pas une place suffisante à ce besoin de stimulations physiques dans notre société en général, et plus particulièrement en famille. D'où, peut-être, l'importance du sexe et de différentes formes de violence (stimulations de haute intensité).

4. Un besoin fondamental, être reconnu : les stimulations (signes de reconnaissance)

En ce qui concerne les stimulations sociales, nous donnons souvent trop d'importance à leur seul contenu verbal. Plus que les mots, c'est l'intention qui compte, et celle-ci est fréquemment exprimée par le ton de la voix, les mimiques, les gestes, l'attitude physique, etc.

Il existe quatre grandes catégories de stimulations (physiques ou sociales) :

1. Positives.
2. Négatives.
3. Conditionnelles.
4. Inconditionnelles.

Elles peuvent être représentées sous la forme de la grille suivante :

STIMULATIONS	Positives	Négatives
Conditionnelles	Positives conditionnelles	Négatives inconditionnelles
Inconditionnelles	Positives inconditionnelles	Négatives inconditionnelles

Pas de stimulations

Positives et négatives

Les stimulations peuvent être positives (elles sont sources de plaisir, d'épanouissement, de confiance en soi et dans les autres...) ou négatives (sources de déplaisir, de souffrance, de méfiance...).

Cette qualité positive ou négative est essentiellement subjective et dépend aussi du récepteur de la stimulation.

Par exemple : un compliment donné sincèrement par l'émetteur (stimulation positive) peut être ressenti comme désagréable par le récepteur (stimulation négative). Ainsi une jolie femme qui aimerait que l'on remarque son intelligence plutôt que sa beauté.

> *Néanmoins le besoin de stimulations est tel que mieux vaut des stimulations négatives que l'absence de stimulations.*

D'où, chez les enfants, un certain nombre de comportements d'échec (bêtises, fautes...) qui ont pour but réel d'attirer l'attention des parents, fût-elle négative : recevoir une claque vaut mieux que d'être ignoré.

Claude Steiner compare le besoin d'une stimulation à la soif ; pour éviter de mourir de soif, nous n'hésiterions pas à boire de l'eau polluée.

Ceci explique, chez les « grandes personnes », un certain nombre de comportements d'échec qui sont autant de provocations à l'égard des responsables et figures d'autorité qui ont pris la relève des parents : mieux vaut une colère dans une salle d'attente que d'être traité comme un simple numéro. D'autre part, nous tendons à rechercher des stimulations dont nous avons l'habitude, c'est-à-dire celles qui nous sont faciles à obtenir, et auxquelles nous savons ou croyons savoir réagir.

Conditionnelles et inconditionnelles

- **Stimulations conditionnelles :** celles qui sont données à la personne pour ce qu'elle fait (à condition qu'elle fasse ceci ou cela).

Par exemple :

- « Vous êtes bien coiffée aujourd'hui » ;
- « Vous êtes impoli si vous me parlez sur ce ton-là ».

> *Elles sont indispensables pour faire évoluer le comportement d'autrui, donc pour éduquer un enfant, ou pour assurer la cohérence des efforts de chacun dans une action en équipe. Mais, puisqu'elles sont conditionnelles, elles tendent à rendre la personne qui les reçoit dépendante de celle qui les donne.*

- **Stimulations inconditionnelles :** celles qui sont données à la personne pour ce qu'elle est (données sans conditions).

Par exemple :

- « Je vous trouve bien jolie, vous savez » ;
- « Vous êtes bien difficile à supporter ».

Elles sont donc données en quelque sorte « une fois pour toutes » à la personne, et constituent la source d'énergie à partir de laquelle celle-ci peut élaborer un comportement autonome :

- **Positif** s'il s'agit de stimulations inconditionnelles positives (la personne agit de façon constructive pour elle-même et pour les autres) ;
- **Négatif** s'il s'agit de stimulations inconditionnelles négatives (la personne tendra à agir de façon destructrice pour les autres et pour elle-même).

> *Les stimulations inconditionnelles sont indispensables si l'on veut que la personne ait de l'initiative et manifeste de l'autonomie mais, en la rendant moins dépendante, elles la rendent moins contrôlable.*

En revanche, si la personne manque de stimulations inconditionnelles, elle peut devenir incapable d'agir de façon autonome si son comportement est directement lié aux stimulations qu'elle reçoit au jour le jour.

STIMULATIONS		Conditionnelles • action • routine • dépendance • contrôle	Inconditionnelles • existence • initiative • autonomie • confiance
Positives	• construction • expression • réussite	« Vous avez fait un très beau tableau. »	« Je vous trouve vraiment très sympathique. »
Négatives	• critique • censure • échec	« Ton idée n'est pas très pratique. »	« Je ne vous aime pas. »

Quelles stimulations émettre ?

Positives inconditionnelles

> *Elles favorisent le développement de la personne, la « stimulent » positivement, la poussent à réussir et à atteindre ses véritables buts, l'amènent à prendre des initiatives, à réagir de façon autonome en se servant pleinement de toutes ses capacités.*

De ce fait, puisque la personne devient de plus en plus autonome, de moins en moins dépendante et réussit de mieux en mieux, il est difficile de la contrôler ou de la manipuler. Elle coopère, pour autant que ses buts correspondent aux vôtres.

Positives conditionnelles

> *Elles favorisent la réussite dans le sens indiqué. Elles sont nécessaires dans tout processus d'éducation, de formation ou d'animation.*

Pour être pleinement efficaces, elles doivent apparaître sur un fond de stimulations positives inconditionnelles, sinon leur caractère conditionnel apparaît comme menaçant, et donc, peut-être inhibiteur.

Négatives conditionnelles

> *Elles dissuadent d'aller dans le sens opposé à la direction donnée. Elles sont indispensables pour orienter une activité, un travail, une relation, mais ne sont pas directement productives. Elles complètent de façon nécessaire les indications données par les stimulations positives conditionnelles.*

Cependant, on tend souvent, dans les pays latins, à donner plus de stimulations négatives conditionnelles que de stimulations positives. De cette façon, on développe la fonction de contrôle et la notion de normes, au détriment de la fonction de création et d'autonomie.

De même, favorise-t-on, ainsi, les comportements d'échec puisque les seules stimulations que l'on puisse obtenir sont des stimulations négatives conditionnelles. Il devient alors malheureusement nécessaire que toute initiative comporte une part d'échec et d'insuffisance pour que son auteur soit convenablement stimulé.

Négatives inconditionnelles

> *Elles tendent à dicter à l'interlocuteur le comportement qu'on lui reproche. Elles peuvent donc aider à se débarrasser de quelqu'un lorsque l'on se sent coupable. Mieux vaut cependant régler autrement le problème de sa culpabilité (autostimulation négative) et ne jamais donner de stimulations négatives inconditionnelles, car elles tendent à figer les situations difficiles qui, sans cela, pourraient à la longue évoluer positivement.*

Elles sont cependant très répandues (jugements, condamnations...) et tendent alors à provoquer ce qu'elles sont censées vouloir éviter.

Apprendre à dire NON, dans le respect de soi-même et de l'autre (stimulation négative conditionnelle) est un des moyens disponibles pour éviter des stimulations négatives inconditionnelles.

Exercice

Les stimulations que vous échangez

Une façon d'appliquer correctement cette notion de stimulation consiste à faire le bilan des stimulations que vous échangez avec les personnes avec lesquelles vous êtes en relation régulière.

Choisissez trois personnes dans votre entourage (amis) : une que vous voyez souvent, une régulièrement, une rarement.

Notez leurs noms dans la colonne de gauche ; ensuite imaginez les stimulations que vous leur donnez ou pourriez leur donner et remplissez les colonnes de droite en fonction (tenez compte des différents types de stimulations, tant physiques, que verbales).

Faites de même pour trois personnes dans votre vie familiale.

	POSITIVES		NÉGATIVES	
	Cond.	Incond.	Cond.	Incond.
Personnes dans les relations amicales				
1.				
2.				
3.				
Personnes dans les relations familiales				
1.				
2.				
3.				

Maintenant, avec ces six personnes, faites le bilan de ce que vous recevez d’elles.

	POSITIVES		NÉGATIVES	
	Cond.	Incond.	Cond.	Incond.
Personnes dans les relations amicales.				
2.				
3.				
Personnes dans les relations familiales				
1.				
2.				
3.				

Comment comptez-vous développer ce qui vous plaît dans ce bilan et limiter ce qui vous déplaît ?

4. Un besoin fondamental, être reconnu : les stimulations (signes de reconnaissance)

L'économie des stimulations

On observe que l'échange de stimulations dans un groupe social, voire une société, ne se fait pas au hasard ; on peut faire la comparaison avec le modèle économique et l'on observe alors, sur le « marché » des stimulations, l'existence de riches qui vivent dans l'abondance (on ne prête qu'aux riches), de pauvres qui manquent de tout et de classes moyennes qui ont du mal à joindre les deux bouts.

Dans cette perspective, il semble que cette inégalité soit renforcée par l'existence d'un certain nombre de règles qui tendent à assurer une insuffisance artificielle de stimulations.

Ces règles peuvent s'exprimer ainsi :

- Ne donne pas de stimulations librement ;
- Ne demande pas de stimulations quand tu en as besoin ;
- Ne reçois pas de stimulations quand tu en as besoin ;
- Ne refuse pas de stimulations que tu n'aimes pas ;
- Ne te donne pas de stimulations (ne te vante pas, ou ne reconnais pas ta propre valeur).

Les transgressions étant sanctionnées par la gêne ou l'inconfort : de nombreuses personnes sont gênées lorsqu'elles reçoivent un compliment ou imaginent d'en donner...

L'acceptation ou le refus des stimulations est une chose particulièrement importante :

> *... « certaines stimulations sont reçues accompagnées d'une dévalorisation évidente tel qu'un haussement d'épaule, une grimace ou encore un refus catégorique (...). Cette sorte de dévalorisation est facile à deviner. Cependant, les stimulations peuvent être dévalorisées de façon plus subtile. C'est pourquoi il est important de noter attentivement la façon dont l'individu reçoit cette stimulation et de voir si elle est assimilée ou rejetée. Le rejet d'une stimulation se manifeste par certains gestes, silences, regards, soupirs, réponses précipitées à la stimulation ou encore par un rapide "merci" (...). Lorsque quelqu'un reçoit la stimulation, sourit de bien-être et ne dit rien, c'est la meilleure indication*

qu'il l'accepte totalement. » (Claude STEINER, *Scripts People Live*, Bantam Books, 1974, p. 327)

Les règles qui régissent l'économie des stimulations touchent en réalité deux zones :

- La zone d'économie externe (les échanges entre états du moi de personnes différentes) :

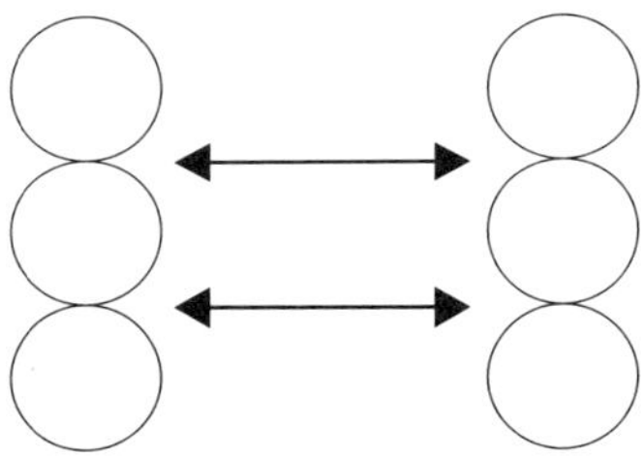

- La zone d'économie interne (l'autostimulation et le dialogue interne entre les états du moi de l'individu) :

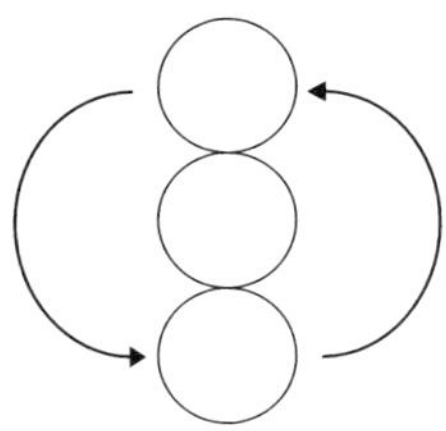

Ces règles, apprises dès l'enfance, constituent bien plus que la force physique un moyen efficace pour contrôler et manipuler autrui. Il est possible de sortir de ce système et d'établir ou de rétablir des échanges satisfaisants avec son environnement en se donnant les permissions voulues aux cinq niveaux suivants :

DONNER	RECEVOIR
DEMANDER	REFUSER

SE DONNER

4. Un besoin fondamental, être reconnu : les stimulations (signes de reconnaissance)

Stimulations et transformation

L'analyse transactionnelle permet à toute « personne » physique ou morale, individu ou groupe

de *percevoir*, *choisir* et *gérer* les échanges de stimulations qu'elle entretient avec les différents éléments de son environnement :

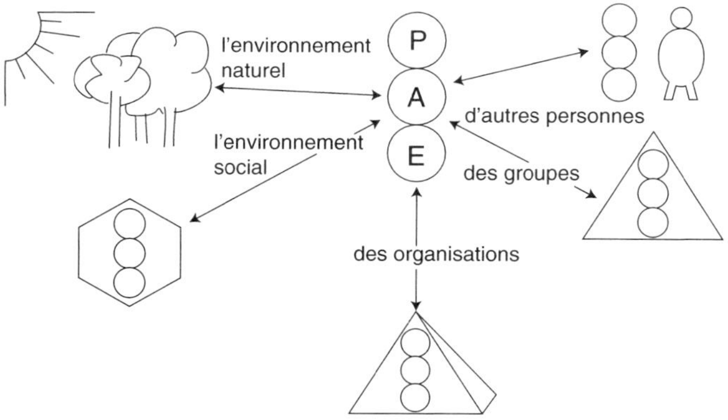

PERCEVOIR	
conditionnelles positives	inconditionnelles positives
conditionnelles négatives	inconditionnelles négatives

CHOISIR ET GÉRER	
donner	recevoir
refuser	demander

Pour résumer

Les stimulations sont des « signes de reconnaissance » vitaux pour la santé, voire la croissance de tout être vivant.

L'analyse transactionnelle distingue non seulement les positives des négatives mais aussi les conditionnelles centrées sur le comportement des inconditionnelles qui touchent une dimension plus existentielle du destinataire.

Notre façon de les donner et de les recevoir, comme de les demander et de les refuser, nous permet de mieux gérer notre « économie » de reconnaissance, si vitale dans notre équilibre physique et moral.

Chapitre 5

Que faire de son temps : la structuration du temps

« Pour beaucoup de gens, la question importante est de savoir : comment vais-je passer l'heure qui vient ?
Plus le temps est structuré, plus ce problème est facile à résoudre. »

(Thomas HARRIS, *D'accord avec soi et les autres*, *op. cit.*, p. 109)

Si le thème de la gestion du temps est central dans le monde des organisations, tant au niveau des études de rendement dans les secteurs de production qu'au niveau de la gestion efficace du temps de cadres et de dirigeants, il est abordé d'une façon originale et plus générale par l'analyse transactionnelle.

Nous disposons principalement de six façons différentes de structurer notre temps, au niveau social (avec autrui) :

- le retrait ;
- le rituel ;
- le passe-temps ;
- l'activité ;
- le jeu ;
- l'intimité (ou la rencontre).

> *Ces six façons de structurer notre temps nous permettent de maîtriser la forme et l'intensité de nos échanges avec notre environnement. Sans elles, nous ne pourrions pas avoir ces échanges, donc nous manquerions de stimulations.*

Chacune de ces façons de structurer le temps a son sens et sa fonction, dans la vie de personnes comme dans celle des groupes sociaux. Elles ont leurs aspects positifs et négatifs.

Il conviendra de les choisir en fonction des trois paramètres suivants :

- La ou les personnes concernées ;
- Les problèmes à régler ou tâches à remplir ;
- Le degré d'urgence de la situation.

L'équilibre consiste d'ailleurs à les intégrer dans chaque choix « transactionnel », quel que soit le concept AT utilisé, et non à adopter des « recettes » toutes faites.

Le retrait

> *La personne s'éloigne physiquement et/ou mentalement des autres, en se retirant dans sa chambre, dans ses pensées, etc.*

L'avantage du retrait est de permettre d'éviter d'être submergé par des stimulations extérieures.

Son inconvénient est de constituer souvent une solution de fuite. Dans ce cas, il peut aussi être apparenté aux différentes formes de passivités (voir chapitre 3, La symbiose).

Le rituel

> *C'est un échange sûr et prévisible de stimulations (ou de signes de reconnaissance) avec autrui mais aussi avec soi-même.*

Par exemple :

- Avec autrui : rituels de salutation civile, religieuse, militaire, etc. ;
- Avec soi-même : la façon de se raser, de se coiffer, de ranger sa chambre, de remplir le lave-vaisselle, etc.

Ainsi, par son caractère répétitif, tout rituel est sécurisant. Inversement, les stimulations qu'il fournit sont peu intenses. Dans le rituel « il y a peu d'engagement donc peu d'accomplissement. (Les rituels) comme le retrait peuvent nous séparer des autres » (Thomas Harris, *D'accord avec soi et les autres*, *op. cit.*, p. 110).

Le passe-temps

> *C'est une série de transactions partiellement ritualisées (conversations au café, pendant la pause, etc.) autour d'un sujet banal.*

Certains passe-temps sont courants, comme le « salon de l'auto » (comparer les voitures) et « qui a gagné ? » (tous les deux des « conversations d'hommes ») ; ou « l'épicerie », « la cuisine » et « les chiffons » (« conversations de dames ») ; « comment » (s'y prendre pour faire telle ou telle chose) ; « combien » (cela coûte-t-il), « n'êtes-vous jamais allé » (souvenirs de voyage) ; « connaissez-vous » (M. Untel), « qu'est devenu » (ce bon vieux Jean), etc. (Eric BERNE, *Analyse transactionnelle et psychothérapie, op. cit.*, p. 101).

Le passe-temps permet sans risque d'approcher ses interlocuteurs et de sélectionner ceux avec lesquels on s'engagera dans une relation plus intime. Il prépare aussi bien aux jeux et aux rackets qu'à l'activité et à l'intimité.

Inversement, « *aussi utiles que les passe-temps puissent être dans certaines situations sociales, il est évident que les relations qui ne progressent pas au-delà, meurent, ou au mieux, existent dans le morne désespoir et l'ennui croissant* ». (Thomas HARRIS, *D'accord avec soi et les autres, op. cit.*, p. 113)

L'activité

« ... les activités, parce qu'elles sont productrices ou créatrices, peuvent être hautement satisfaisantes en elles-mêmes et peuvent conduire à des satisfactions dans le futur, sous forme de stimulation pour un travail bien fait ». (Thomas HARRIS, D'accord avec soi et les autres, op. cit., p. 113)

> *L'activité, à la différence du rituel ou du passe-temps, est orientée vers un but : elle est structurée non par la répétition mais par le résultat visé. Qu'il s'agisse d'un sport ou d'un travail, l'échec ou la réussite d'une activité peut être défini avec précision.*

« Par contre l'activité peut aussi servir à passer le temps ou à éviter un problème, par une sorte de "fuite en avant". Au terme d'une activité, l'individu se sent fréquemment dénudé, agité ou encore inutile. Ce problème devient nettement prédominant dans le cas où certaines activités structurées, telles que s'occuper d'enfants, aller à l'école, ou aller travailler, prennent brusquement fin. » (Muriel JAMES dans Muriel JAMES et Dorothy JONGEWARD, *op. cit.*, p. 59)

Rackets et jeux

Les rackets et les jeux (au sens de jeu pervers ou jeu de dupes) sont des manipulations émotionnelles de soi-même ou d'autrui aboutissant systématiquement à des sentiments désagréables, quoique rassurants par leur répétition. Jeux et rackets seront décrits en détail dans un prochain chapitre. Ils peuvent être considérés comme des façons d'éviter les dangers apparents de l'intimité (ou de la rencontre authentique), mais avec un haut niveau d'intensité dans l'échange.

L'intimité

« La relation d'intimité entre deux personnes peut être considérée comme existant indépendamment des cinq premières façons de structurer le temps : retrait, passe-temps, activités, rites et jeux (...) elle repose littéralement sur un amour voulu où une structuration du temps défensive devient inutile.
Donner et partager sont des expressions de joie spontanée plutôt que des réponses à des jeux rituels socialement programmés. L'intimité est une relation sans jeux puisque les buts ne sont pas déguisés. »

(Thomas HARRIS, D'accord avec soi et les autres, op. cit., p. 117)

> *C'est une expérience de rencontre pleine et directe avec soi-même et avec autrui. L'intimité débouche souvent sur le silence, les paroles apparaissant alors comme superflues. L'intimité est souvent ressentie comme une expérience extrêmement dangereuse car elle repose sur l'absence de défense et la confiance.*

Inversement, ceux qui s'en sont longtemps privés la vivent comme extrêmement gratifiante.

> *Il est important de savoir se servir de toute la palette des différentes façons de structurer le temps, et de les voir comme plusieurs moyens d'obtenir des stimulations de notre environnement.*

De la même manière que des stimulations négatives sont ressenties comme préférables à un manque total de stimulation, nous préférons souvent structurer notre temps avec des jeux plutôt que d'être dans un retrait ou se limiter aux passe-temps.

Aussi, nous nous apercevons souvent que c'est à partir d'une demande de stimulations provenant de l'Enfant que nous structurons notre temps.

Pour arriver à un déséquilibre plus satisfaisant et plus productif au niveau de la gestion du temps, il faudra donc aborder le problème en tenant compte des besoins de stimulations, ainsi que de l'énergie positive ou négative mobilisée par l'état du moi Enfant.

Exercice

Vos relations

- Quelles sont les personnes de votre entourage direct avec lesquelles vous avez le plus de plaisir à partager vos loisirs ? Votre travail ? (*Intimité*)
- Quelles sont les personnes avec lesquelles vous n'arrivez régulièrement pas à vous entendre ? (*Jeux*) Quels sont les points communs dans les relations avec chacunes d'entre elles ?
- Quelles sont les petites habitudes sympathiques que l'on vous trouve ? Quelles sont celles qui sont considérées comme agaçantes ? (*Rituels*)
- Quels sujets de discussion avez-vous eu à plusieurs reprises avec des personnes différentes (comment faire pour arrêter de fumer, etc.) ? (*Passe-temps* ou *jeu*)

- Quels sont les gestes ou paroles automatiques et répétitifs que vous utilisez chaque jour au même lieu et/ou avec la même personne ? (*Rituel*)
- Quels sont les endroits et les moments de la journée pendant lesquels vous évitez consciemment ou limitez de manière importante les contacts avec votre entourage personnel ou professionnel ? (*Retrait*)
- Parmi les façons de structurer votre temps, lesquelles semblent être celles qui vous démoralisent le plus et quelles sont celles qui, au contraire, vous remontent le moral ? Pourquoi (relations, stimulations, énergie, etc.) ?

Pour résumer

Chaque façon de structurer son temps peut présenter des avantages et des inconvénients, peut être considérée comme appropriée ou déplacée et peut être ressentie comme satisfaisante ou déplaisante.
Une prise de conscience de la dimension positive (et des limites de chacune d'entre elles lorsque nous en abusons) peut nous permettre de faire des choix plus épanouissants.

Chapitre 6

La relation à autrui et au monde : les positions de vie

Parmi les instruments que propose l'analyse transactionnelle, la notion de position de vie est à coup sûr l'une des plus riches. Il importe cependant pour en tirer le meilleur parti de bien comprendre sa logique interne et de moduler son application selon les domaines abordés.

La notion de position de vie

> *Suivant les expériences, surtout l'entourage familial du jeune enfant, entourage qui a plus ou moins bien répondu aux besoins et aux émotions de l'Enfant Spontané, chaque individu a adopté assez rapidement (avant 7 ans) l'une des quatre positions de vie, ou positions « existentielles ».*

Cette position de vie influence ensuite la manière dont un individu pense, agit et entre en relation avec les autres. Elle détermine en particulier un certain fonctionnement de ses états du moi, la façon dont il continue à satisfaire ses besoins relationnels, le type d'échange qu'il établit avec son environnement, l'utilisation qu'il fait de ses émotions, etc.

Nous pouvons distinguer quatre positions de vie principales, c'est-à-dire quatre façons de voir les relations entre soi-même et autrui. Chacun des deux pôles de la relation peut être perçu positivement (+) ou négativement (–), d'où quatre combinaisons qui constituent les quatre positions de vie.

Frank Ernst a proposé de les représenter sous la forme d'un tableau carré appelé le « OK Corral » (la formation anglo-saxonne des positions de vie étant OK + OK +, OK + OK –, OK – OK +, OK – OK –).

	Je suis OK	
JE + TU – Je me survalorise et je dévalorise l'autre. « C'est de ta faute », « Je suis le meilleur » « Écrase toi ». Sentiments : mépris, pitié.		JE + TU + Je m'accepte et j'accepte l'autre. « Quel est le problème ? Cherchons la meilleure solution. » Émotions spontanées (joie, désir, attachement, tristesse, peur, colère).
Tu n'es pas OK		**Tu es OK**
JE – TU – Je me dévalorise et je dévalorise l'autre. « C'est de notre faute », « Nous ne valons rien, écrasons-nous », « Nous ne pouvons plus rien faire ». Sentiments : dépression ou désespoir.		JE – TU + Je me dévalorise et je survalorise l'autre. « C'est de ma faute », « Je m'écrase », « Tu vaux mieux que moi ». Sentiments : admiration et honte.
	Je ne suis pas OK	

À partir de ce quadrangle, nous pouvons décrire quatre types ou « styles » de relation dont les caractéristiques générales sont les suivantes :

- **JE + TU + :** c'est la solution la plus constructive ; dans cette position, la personne prend conscience de ses propres responsabilités, agit de façon réaliste et constructive. Elle a confiance en ses propres capacités. Elle vit des sentiments d'amitié, d'unité, de force, en accord avec elle-même, avec les autres et avec la vie.
- **JE – TU + :** c'est une solution d'effacement et de complaisance ; ici, la personne cherche avant tout à être aimée par les autres (« Je serais + + si seulement... »). Elle se soumet aux autres et dépend d'eux. Son affection n'est pas gratuite. Elle cultive et exagère son sentiment d'impuissance et sa souffrance et se présente en victime.

  Elle se sent coupable, inférieure, méprisable, dépressive, suicidaire, stupide, rejetée. Elle ne s'aime pas elle-même et se satisfait de peu ; le salut vient des autres : « Il faut avoir foi en la bonté d'autrui. »

  Elle a de l'admiration pour la fierté et l'agressivité chez les autres, a beaucoup besoin d'aide et ces besoins deviennent des demandes.

Elle a en outre un fort besoin de se faire remarquer et croit qu'on se sert d'elle.

Elle ne supporte pas d'être seule et interprète les positions de vie en terme d'amour. Faible, elle tombe souvent dans la sensiblerie.

- **JE + TU – :** cette solution est celle de l'expansion et de domination.

  La personne s'identifie à ce qui est grandiose et glorieux. Elle recherche l'originalité, la perfection et/ou la revanche. Elle est d'une susceptibilité excessive à la critique, elle est agressive et batailleuse. Elle ne peut supporter d'être sans valeur, en faute, ou encore sans défense.

  Elle manque de considération pour les autres, les dévalorise ou ne leur fait pas confiance. Elle interprète les positions de vie en termes de pouvoir. Elle est forte et dynamique mais manque de sensibilité. Elle se présente en persécutrice ou sauveuse.

- **JE – TU – :** la solution de résignation. Cette personne se met en positions de spectateur de soi-même et de la vie afin que rien ne l'approche ou ne la touche.

  Souvent en retrait et désintéressée, elle est complaisante à l'égard de ses propres faiblesses, elle remet ses obligations au lendemain ou bien les oublie. Cette personne préfère ne rien demander plutôt que d'essuyer un refus ; aversion au changement, boit et mange trop, incapable d'être heureuse, elle est distante et suicidaire.

  Elle évite les inconvénients de son hypersensibilité en ne s'engageant jamais, elle est improductive, destructrice et autodestructrice.

> *La notion de « position de vie », comme les autres concepts de l'analyse transactionnelle, constitue un outil, un instrument de pensée, et ne prétend pas décrire une vérité. Elle se justifie par son utilité comme modèle d'interprétation et d'action sur la réalité.*

Il est donc intéressant de supposer que la plupart des gens ne sont pas fixés dans une seule position mais ont une position dominante qu'ils quittent en fonction des situations, des personnes concernées ou du degré d'urgence.

Par exemple :

- Un employé de bureau pourra, au travail, se situer dans une position – +, s'estimant peu compétent, alors qu'il admire son patron auquel il se soumet ;
- En revanche, rentrant chez lui, il pourra compenser la dévalorisation qu'il subit dans son travail en tyrannisant sa femme et ses enfants, en leur dictant ce qu'ils doivent faire... en position + – ;
- Lorsqu'il est avec des amis ou au club de football, il peut aussi se situer dans des rapports d'égalité et d'amitié, en position + + ;
- Enfin, s'il se situe sur un plan de réflexion générale, il peut se considérer comme un raté dans une société pourrie, en position – –.

Une bonne façon de visualiser la chose est de considérer la personne à un instant donné comme une surface découpée sur les axes toi/moi du quadrant des positions de vie :

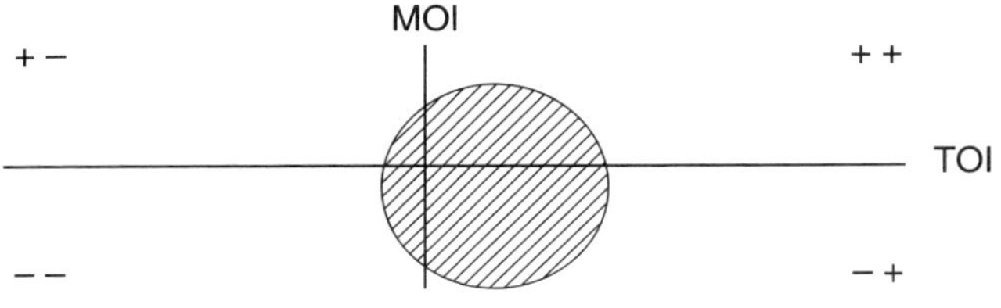

Dans cette hypothèse, chacun de nous, à divers moments de notre vie, peut vivre dans chacune des quatre positions. Dire alors que quelqu'un est dans la position de vie – +, c'est affirmer qu'il est plus souvent dans cette position que dans les autres, où il se trouve cependant quelquefois.

Sur le diagramme ci-dessus, par exemple, la personne considérée est à tendance dominante – +.

Exercice

Nos positions de vie

Dans quelles circonstances et avec quelles personnes est-ce que j'entretiens chaque position de vie ?

JE SUIS OK, TU N'ES PAS OK Circonstances....................................... Personnes...	JE SUIS OK, TU ES OK Circonstances....................................... Personnes...
JE NE SUIS PAS OK, TU N'ES PAS OK Circonstances....................................... Personnes...	JE NE SUIS PAS OK, TU ES OK Circonstances....................................... Personnes...

- Quelle est la position pour laquelle il vous a été le plus difficile de donner des exemples ?
- Quelle est la position pour laquelle il vous a été le plus facile de donner des exemples ?
- Réfléchissez aux positions de vie des personnes que vous avez citées dans vos exemples. Leurs positions de vie sont-elles complémentaires ou neutres par rapport à vous ?

Les gagnants et les perdants

On voit qu'il existe une différence de nature entre la position de vie + + et les autres :

- **Dans la position de vie + +,** l'Adulte est le plus souvent au contrôle. Quand la personne se confronte à un problème, elle cherchera la meilleure solution pour en sortir : « Que faire ? »

Elle sait qu'il y a plusieurs solutions possibles et que toutes les personnes concernées peuvent contribuer à les définir.

Elle se posera donc des questions du type : « Comment faire pour ? » ou « Qui fait quoi ? »

Ce sera une attitude de *résolution de problèmes*, de négociation.

- **Inversement, dans les positions de vie négatives**, en face d'un problème la question posée sera : « À qui la faute ? » Ces positions sont souvent révélatrices d'une attitude symbiotique.

En position de vie + –, ce sera la faute des autres, et la solution adoptée sera *ma* solution.

En position de vie – +, ce sera ma faute, et la solution retenue sera donc la *vôtre*, car, par définition, la mienne est moins bonne.

Dans ces positions de vie, quand on semble évaluer des solutions, on est *en fait* dans un processus d'*évaluation des personnes*. Dans un groupe, par exemple, on suivra l'avis des autres ou de la majorité.

En outre, on a vu que ces deux positions de vie impliquaient souvent une contamination de l'Adulte qui fonctionne sur le présupposé « il n'y a qu'une seule bonne solution ». D'où les techniques particulières de résolution de problèmes :

- On démontre qu'une solution est la bonne, ce qui élimine automatiquement les autres ;
- On torpille toutes les solutions sauf une. Elle apparaît dès lors comme la seule bonne solution.

La position de vie – – peut être vécue de plusieurs façons différentes :

- Certains la considèrent comme une des positions de vie négatives, aboutissant à un échec personnel ou social ;
- D'autres au contraire pensent qu'elle est au point de passage utile ou nécessaire pour aboutir à la coopération de la position de vie + +.

Cette opposition entre la position de vie positive et les positions de vie négatives peut être résumée dans l'opposition gagnant/perdant.

En effet, les positions de vie entraînent une certaine attitude dans la vie tout entière, un certain « scénario ». On a vu que la position + + consiste à accepter la réalité telle qu'elle est et, entre autres, à accepter un échec.

> *Le gagnant sait ce qu'il fera s'il perd (il accepte l'hypothèse de l'échec, en tient compte) et le garde pour lui.*

Régulièrement, dans sa vie, il fait la part de l'échec et prend donc des risques calculés, perdant parfois quelques batailles, pour gagner sa guerre.

> *Le perdant sait ce qu'il ferait s'il gagnait et le dit à tout le monde.*

Il s'agit pour lui de ne pas se confronter à l'échec : il ne prend donc aucun risque. Mais ne jamais investir implique qu'on ne gagne rien ; aussi de temps en temps, le perdant risque-t-il tout, et perd tout.

Les positions de vie et les états du moi

La position de vie + – : position de domination

« Je suis meilleur que toi, laisse tomber. »

On dit aux autres ce qu'ils doivent faire, l'état du moi dominant est donc le Parent. Or, selon le schéma fonctionnel, on peut distinguer deux types de Parent, le Parent Normatif et le Parent Nourricier. Tous deux remplissent des fonctions positives mais, associés ici à une position de vie où on dévalorise l'autre tout en se survalorisant, on va leur donner d'autres noms :

- Le Parent Normatif négatif deviendra le PERSÉCUTEUR ; la personne énonce la norme non pour sa valeur propre, mais pour assurer son contrôle sur les autres ;
- Le Parent Nourricier deviendra le SAUVETEUR ; la personne aide les autres non pour les aider à devenir autonomes (rôle du « bon » Parent Nourricier) mais au contraire pour les maintenir sous sa dépendance.

> *Sur le plan des sentiments, chacun a ses émotions préférentielles : le Persécuteur éprouvera un sentiment de mépris ou de colère, le Sauveteur un sentiment de pitié.*

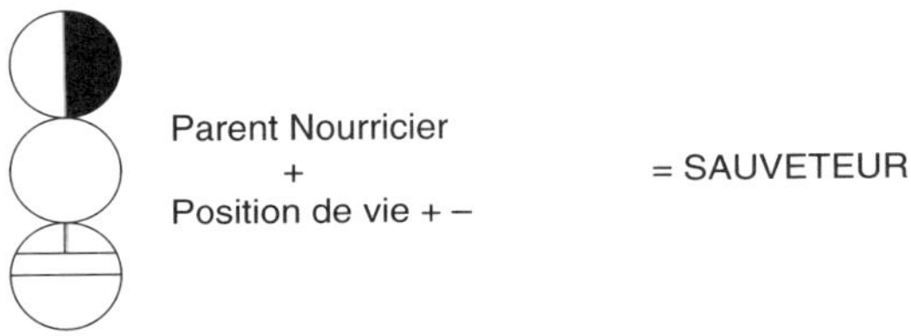

▸ La position de vie – + : position de dominé

« Je devrais être autrement. Les autres font mieux que moi. »

L'état du moi au contrôle ici est l'Enfant Adapté, dont on sait qu'il a deux versants : l'Enfant Adapté Soumis et l'Enfant Adapté Rebelle. Cet Enfant Adapté, Soumis ou Rebelle, peut remplir des fonctions positives : l'Enfant Adapté Soumis intègre un certain nombre d'automatismes sociaux bien utiles pour la vie en société ; l'Enfant Adapté Rebelle s'oppose parfois à l'excès de ces automatismes pour protéger l'Enfant Spontané par exemple. Cependant, être dans son Enfant Adapté dans une position de vie – + nous amènera à parler de VICTIME, celle-ci ayant donc deux types de comportements, soumis ou rebelle.

> *L'Enfant Adapté se conduit non en fonction de ses propres besoins ou émotions mais en fonction des comportements qu'il veut voir adopter aux figures parentales.*

La VICTIME Soumise tendra donc à susciter chez l'autre le comportement de SAUVETEUR (c'est-à-dire activer le Parent Nourricier + –), la VICTIME Rebelle tendra à activer chez les autres un comportement de PERSÉCUTEUR (c'est-à-dire de Parent Critique + –).

Enfant Adapté Rebelle
+
Position de vie – + = VICTIME REBELLE

Enfant Adapté Soumis
+
Position de vie – + = VICTIME SOUMISE

Le changement

Il est souvent arrivé que lorsqu'une personne « autoritaire » essaie de changer son style de relation avec ses proches pour devenir plus « aimable », il tend à l'« abandonner » et à passer dans l'excès inverse.

De même, pour une personne « timide » qui a peu développé de compétences sociales. Chaque occasion où elle se trouve obligée d'assumer une prestation publique devient un calvaire, à moins de cacher son malaise dans un « jeu de scène » excessif et bruyant.

Ainsi, dans les positions de vie, il est souvent difficile, même avec beaucoup de bonne volonté, de changer d'une position négative (+ –, – +, – –) pour arriver à la position positive (+ +).

Un changement de position de vie, ou de style de communication, demande non seulement de la bonne volonté, mais aussi un travail de longue haleine.

Certaines techniques de communication peuvent faciliter la tâche. Ces techniques concernent surtout l'Adulte, qui, comme nous l'avons vu, est peu présent dans les positions de vie négatives.

> *Il est par exemple utile de découvrir les préoccupations et les besoins des individus et des groupes de notre entourage et de comprendre la façon dont ils définissent leur environnement et perçoivent leurs problèmes.*

Ceci ne veut pas dire que nous devons épouser la vision d'un autre et oublier la nôtre, mais plutôt qu'il faut arriver à mieux comprendre et intégrer plusieurs perceptions différentes, la nôtre et celle(s) de notre interlocuteur. Pour y arriver, il est indispensable de se trouver dans la position de vie « je + / tu + ».

Mais, souvent, votre interlocuteur :

- ne se « livre » pas rapidement ;
- n'exprime pas clairement sa pensée ;
- n'a pas réfléchi suffisamment à son problème ;
- n'exprime pas explicitement ses motivations profondes.

De plus, nous pouvons être très axés sur nous-mêmes et notre objectif, et donc difficilement capables d'écouter et de dialoguer avec autrui.

Nous vous proposons donc le chapitre suivant qui concerne l'application de quelques techniques de communication à la pratique de l'analyse transactionnelle.

Pour résumer

La notion de position de vie concerne le cadre de référence « existentiel » de la position d'un individu face au monde.

La position de vie + +, qui consiste à avoir une attitude de gagnant-gagnant dans sa relation aux autres et au monde est considérée comme la seule qui, à long terme, favorise la réussite, comme un réel épanouissement personnel.

Chapitre 7

Les techniques de communication

La personne à la « recherche de solutions » ou la personne « je + / tu + » :

1. Écoute.
2. Pose des questions :
   - Ouvertes, pour obtenir le maximum d'informations, d'opinions et de sentiments ;
   - Fermées, pour obtenir un accord, une prise de position claire ou une précision ;
   - Neutres, pour ne pas influencer le sens ou le contenu de la réponse.

Mais les questions ne suffisent pas car l'interlocuteur peut donner des réponses insatisfaisantes. Ces réponses, dites « à côté » :

- ne permettent pas de faire avancer l'entretien ;
- n'expriment pas clairement la pensée de l'interlocuteur ;
- cachent des incertitudes, des préoccupations, des problèmes ;
- représentent des comportements de fuite ou de méfiance, etc.

La personne « OK » aura alors intérêt à relancer son interlocuteur pour « en savoir plus » sans le bloquer et sans trop l'influencer, en lui faisant ainsi comprendre que l'objectif est de résoudre le problème de la manière la plus favorable possible pour tous les intéressés.

> *Elle dispose alors de plusieurs éléments essentiels qui sont des « relances » du dialogue :*

1. Les relances passives :
   - Les indications brèves de compréhension ;
   - La phrase neutre ;
   - Le silence.

2. Les relances actives :
   - Le résumé (reformulation) ;
   - La ré-expression des sentiments.

Dans les pages suivantes, nous vous proposons :

- de faire le point sur les différentes techniques de communication ;
- de vous apprendre à les utiliser par des exemples, des anecdotes et des exercices ;
- de les relier à la théorie de l'analyse transactionnelle en général, et en particulier aux besoins de vie.

L'écoute

Écouter votre interlocuteur, cela paraît simple. Mais, en fait, que signifie écouter réellement ?

Écouter c'est d'abord se taire. Cela peut paraître évident, mais combien de fois lors d'une discussion, deux personnes parlent-elles en même temps ? Combien de fois l'une d'elles est coupée, interrompue dans sa suite d'idées et même contrée par des conclusions hâtives, des arguments agressifs ?

Mais, écouter, ce n'est pas seulement se taire. Combien de fois avez-vous constaté que votre interlocuteur n'avait pas entendu un seul mot de votre exposé. Ne vous est-il pas arrivé souvent d'agir de même ? D'avoir la tête ailleurs ? De penser à ce que vous alliez répondre ? En un mot, de ne pas écouter ?

> *Aussi, l'écoute efficace n'est pas simplement une écoute passive à la manière d'un enregistreur. Elle est au contraire une écoute dynamique pendant laquelle vous analysez immédiatement tout ce que dit votre interlocuteur, vous le reliez à ce que vous savez déjà et vous détectez les éléments importants qui vous manquent. En même temps, vous reliez ce qu'il vous dit à ses préoccupations et à sa vision du monde.*

Si l'écoute est la technique de communication la plus évidente et la plus efficace, c'est également celle qui est la plus mal utilisée.

7. Les techniques de communication

Une mauvaise écoute est souvent à la base des petits malentendus comme des grands conflits de la vie familiale et professionnelle.

L'écoute et l'Adulte

> *L'écoute joue un rôle extrêmement important dans la communication ou l'échange d'information. Elle est donc un des outils les plus importants pour le fonctionnement de l'Adulte.*

L'Adulte, rappelons-le, recueille, enregistre et traite les informations aussi bien externes (de l'environnement) qu'internes (de son Parent ou de son Enfant) :

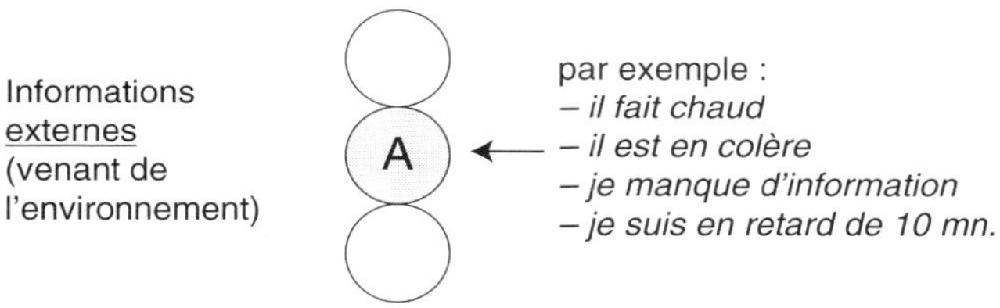

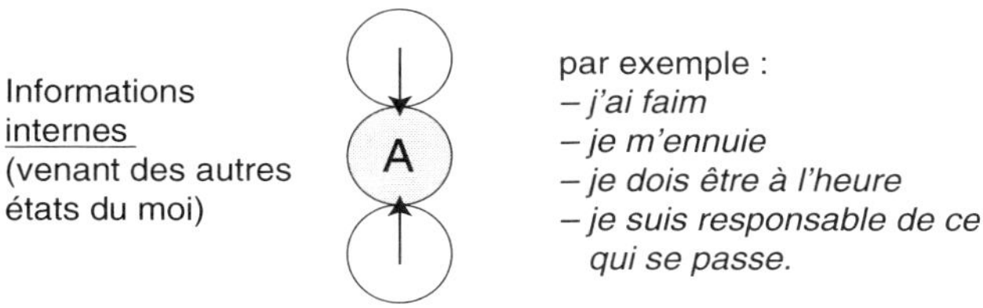

De même que toutes les techniques de communication détaillées dans ce chapitre, l'écoute est donc en premier lieu un instrument important qui peut être mis à la portée de l'Adulte. Il lui permettra de mieux recueillir les informations nécessaires à son bon fonctionnement et ceci à deux niveaux :

- Pour mieux gérer les conflits externes (entre l'individu concerné et son environnement ou entre deux parties de l'environnement) ;

- Pour mieux gérer les conflits internes (choix personnels, conflits d'intérêts, problèmes affectifs et émotionnels).

L'écoute et les positions de vie

L'écoute efficace n'est pas seulement un outil dans le recueil ou l'échange d'informations et dans la résolution de problèmes.

> *Elle est aussi un moyen, à plus long terme, de mettre en place une relation et un climat satisfaisants entre des individus ou des groupes.*

En effet, l'écoute réelle et entière est une des meilleures façons de faire sentir à l'autre qu'il est « OK » : lorsque vous l'écoutez attentivement, votre interlocuteur se sentira inconditionnellement accepté en tant que personne. De par votre écoute, l'attention profonde que vous lui portez, il se sentira plus important à vos yeux. Il sentira qu'il compte dans votre univers, que vous l'acceptez inconditionnellement.

À nouveau, cela ne veut pas dire que vous devez oublier votre pensée, votre position, pour épouser celle d'un autre. Vous écoutez plutôt pour avoir le plus d'informations dans votre Adulte, celles-ci venant de vous-même et d'ailleurs, pour ensuite prendre une décision en toute connaissance de cause.

Inversement, une mauvaise écoute fera probablement sentir à votre interlocuteur qu'il n'est pas « OK » à vos yeux. Il pensera que vous n'attachez aucune importance à ses opinions ou ses désirs, qu'il ne compte pas dans votre univers. Le résultat en terme de relation ou de climat sera plutôt négatif et vous aurez du mal à atteindre vos objectifs ensemble, à être dans la position « je + /tu + ».

> *Concrètement, vous pouvez vous donner le droit d'exprimer vos besoins par rapport à l'écoute des autres. C'est-à-dire que vous pouvez demander à quelqu'un de prendre les moyens de bien vous écouter, ou vous pouvez refuser de rester dans une situation où l'on ne vous écoute pas.*

Par exemple :

- « Pouvez-vous vous assurer que l'on ne sera pas dérangé pendant au moins 10 minutes ? »
- « J'ai l'impression que vous êtes trop préoccupé pour vraiment m'écouter, je préfère remettre cette discussion à plus tard, lorsque vous serez plus disponible. »

Dans la situation inverse, lorsqu'on vous demande votre écoute, donnez-vous les moyens de ne pas être interrompu, en demandant, par exemple, à vos enfants d'aller jouer dans une pièce voisine.

Quelquefois aussi, vous pourrez limiter le temps de l'entretien avec une personne si vous sentez qu'elle risque d'être trop envahissante.

Par exemple :

— « J'ai 10 minutes à vous accorder, pensez-vous que cela suffise ? »

Cela sera moins dévalorisant pour elle que de la laisser parler sans l'écouter.

L'écoute et les dévalorisations

Avec la stimulation conditionnelle et négative, une mauvaise écoute est aussi un signe de dévalorisation dans une situation donnée. En n'écoutant pas ou peu, vous dévalorisez votre interlocuteur, sa vision et sa solution du problème, la possibilité de le résoudre, ou tout à la fois.

Une fois de plus, en termes de climat, de relation et d'efficacité objective par rapport à une tâche, la dévalorisation, à n'importe quel niveau, est néfaste.

En conclusion

Bien écouter est la technique de communication la plus évidente et la plus efficace, mais également celle qui est la moins bien comprise et la plus mal utilisée.

Soulignons l'importance de l'écoute efficace ainsi que des autres techniques de communication détaillées ci-dessous ; ces techniques renforcent l'Adulte et vous permettront d'être plus « OK » avec vous-même et avec votre environnement. Elles augmentent les probabilités de réussite dans le monde de la communication, autant au niveau de l'efficacité dans le travail qu'au niveau de l'enrichissement des relations ou à celui de l'amélioration du climat.

Les questions

Pourquoi poser des questions ?

Généralement vous posez une question parce que vous avez besoin d'une réponse. Les réponses que vous obtenez à vos questions peuvent vous dire ce qu'un individu sait, ce qu'il pense, ou encore ce qu'il ressent.

En d'autres termes, en posant une question, vous obtenez un retour d'information ou du feedback de votre interlocuteur.

QUESTION + RÉPONSE = *FEEDBACK*

Vous complétez ainsi, par les questions, les informations sur votre interlocuteur que vous avez déjà obtenues par l'écoute. Vous augmentez l'information que détiendra votre Adulte.

Si, par contre, vous ne posez jamais de questions à votre interlocuteur, vous pourrez quand même obtenir un *feedback*, mais ce sera par hasard et vous risquez de n'obtenir qu'une vue partielle de la situation : votre Adulte sera d'autant moins informé.

Il est donc important de poser des questions mais si vous ne possédez pas une bonne technique pour les poser, il y aura toujours un risque que votre interlocuteur considère que vous procédez à un interrogatoire policier ou au contraire que vous vous désintéressez de lui.

Qu'est-ce donc qu'une bonne technique pour poser des questions ?

En posant un certain type de question vous obtiendrez un certain type de réponse. Nous vous proposons les quatre types de questions suivantes :

- les questions ouvertes ;
- les questions fermées ;
- les questions orientées ;
- les questions neutres.

Les questions ouvertes

Une question ouverte ne donne pas à l'interlocuteur d'idée précise sur la forme que devrait revêtir sa réponse.

Par exemple :

- « Que voulez-vous faire cet après-midi ? »
- « Que pensez-vous de la proposition que je viens de vous faire ? »

> *Une question de type ouvert donne donc à l'interlocuteur toute liberté pour formuler sa réponse. Elle permet d'obtenir des informations et des opinions plus complètes et plus nuancées et surtout elle permet d'explorer les sentiments.*

Par exemple :

- « Pourquoi préférez-vous cette solution ? »
- « Que penses-tu de Daniel ? »

Ce genre de question apportera plus d'informations nouvelles à l'Adulte et lui sera donc utile, surtout dans la première partie d'un entretien où il est intéressant de jeter un coup d'œil rapide sur un champ aussi large que possible.

Les questions fermées

Une question où l'interlocuteur est amené à une réponse peu explicite du genre « Oui – Non » est une question de type fermé.

Par exemple :

– « Êtes-vous d'accord avec la proposition que je viens de vous présenter ? »

Les questions à choix forcé sont aussi des questions de type fermé.

Par exemple :

– « Que préférez-vous, la première solution ou la deuxième ? »

> *En général, les questions fermées ne permettent pas d'obtenir beaucoup d'explications ou d'en savoir plus sur ce que pense en profondeur l'interlocuteur. Toutefois elles amènent l'interlocuteur à prendre position et quelquefois à clarifier sa pensée.*

À l'inverse des questions ouvertes, les questions fermées sont donc centrées sur l'objectif, la tâche, ou encore sur une décision à prendre.

Elles ne permettent pas d'obtenir plus d'informations. Elles sont à utiliser avec prudence parce qu'elles peuvent être ressenties comme manipulatrices.

Les questions orientées

Une question orientée implique ou suggère à votre interlocuteur la réponse à donner. Cette réponse correspond rarement à une réponse spontanée ou personnelle de l'interlocuteur.

Comment peut-on identifier une question orientée ? Voici un moyen : si vous pouvez deviner ce que sera la réponse avant que l'interlocuteur ne réagisse, vous avez alors à faire à une question orientée. En outre, si une question donne des indications sur le sentiment ou l'opinion de la personne qui la pose, il s'agit également d'une question orientée qui influencera sûrement la réponse.

Nous avons tous tendance à orienter nos questions, même lorsque nous posons des questions apparemment anodines.

Par exemple :

- « Ne pensez-vous pas que... ? »
- « Ne devrions-nous pas... ? »
- « Ne pourrions-nous pas... ? »

Toutes ces questions vont influencer l'interlocuteur et ne permettront pas d'explorer ses vrais sentiments ou opinions.

Examinons cette question : « Ne pensez-vous pas que l'euro présente beaucoup plus d'inconvénients que d'avantages ? » Elle est manifestement très orientée, et, à la limite, ne sert pas à grand-chose.

Par exemple : une personne vient d'acheter un objet ancien. Elle le présente à un de ses amis qui « s'y connaît » pour savoir si elle a fait une bonne affaire. Laquelle des deux questions suivantes devrait-elle poser ?

- « Penses-tu que j'ai fait une bonne affaire ? »

ou bien

- « Que penses-tu de cet objet ? »

Naturellement si la personne en question veut l'opinion véritable de son ami, elle aura intérêt à ne pas l'influencer et choisira donc plutôt la deuxième question.

> *En général, la question orientée n'est pas posée par l'Adulte qui recherche de l'information mais plutôt par le Parent qui cherche à influencer ou l'Enfant qui veut être confirmé ou sécurisé. Elles jouent donc un rôle important dans les conflits inter-personnels et les situations de « jeux », dans les manipulations conscientes ou inconscientes.*

Les questions neutres

Par opposition, une question neutre ne contient jamais sa propre réponse et laisse la possibilité à l'interlocuteur d'exprimer réellement son opinion et sa façon de voir.

Par exemple :

- « Que pensez-vous de l'élargissement de l'Union européenne ? »

ou

- « Achetez-vous des produits "bios" ? »

> *Une question neutre exige une grande précaution dans le choix des mots utilisés et le choix de la forme utilisée.*

Les relances

> *La relance est une technique utilisée lorsque votre interlocuteur fait une réponse « à côté », c'est-à-dire une réponse insatisfaisante, incomplète ou inadéquate. Pour pouvoir conduire un bon entretien, il est bon d'avoir un certain nombre de bonnes relances, prêtes à être utilisées lorsque l'on n'obtient pas une réponse précise à une question.*

Il y a deux types de relances : les relances passives et les relances actives.

Les relances passives

> *Parmi les types de relances que l'on peut utiliser, nous appelons celles-ci les relances passives, parce qu'elles sont faciles à apprendre et à utiliser… et qu'elles peuvent rapidement devenir comme une seconde nature après un court apprentissage.*

► **Les indications brèves de compréhension**

Des expressions telles que « je comprends » ou bien « je vois » ou bien encore « Umm-Hmm » font sentir à l'interlocuteur que vous comprenez ce qu'il dit… et que vous l'écoutez.

▸ Les phrases neutres

Une autre relance passive est la phrase neutre. Elle encourage l'autre à continuer mais sans l'influencer.

En voici deux exemples :

- « Pouvez-vous m'en dire un peu plus ? »

ou bien

- « J'aimerais que vous me précisiez un peu plus votre pensée. »

Un moyen bien simple de relancer par une phrase neutre consiste à reformuler, sous forme interrogative, ce que vient de dire votre interlocuteur.

Par exemple :

- Lui : « Voilà où j'en suis, et pour moi, le choix est simple. »
- Vous : « Le choix est simple ? » Ou bien : « Qu'entendez-vous par le choix est simple ? »

▸ L'attitude corporelle

L'attitude corporelle peut aussi servir de relance passive : hocher la tête, par exemple, ou se pencher vers son interlocuteur pour exprimer son intérêt, influencent d'une manière favorable la suite de la communication.

▸ Les silences

La quatrième relance passive est appelée *l'utilisation efficace du silence.* Utilisée de façon judicieuse, elle poussera l'interlocuteur à en dire plus sur un début de réponse qui n'est pas satisfaisant en soi et qui peut donc donner l'impression qu'il répond « à côté ».

La pression qu'éprouvera l'interlocuteur après quelques secondes de silence sera suffisamment forte pour qu'il soit amené à en dire plus.

À l'inverse, un silence trop prolongé peut rendre l'interlocuteur plus tendu et donc l'amener à limiter sa communication. Le silence doit donc être utilisé de manière judicieuse, en fonction de la situation, des individus concernés et de la relation déjà établie.

Les relances actives

> *Les relances actives sont plus difficiles à utiliser. Les manier de façon efficace demande plus d'entraînement et une volonté de ne pas influencer l'interlocuteur.*

Parmi les relances actives, il y a le résumé et la réexpression des sentiments :

▸ Le résumé

Le résumé est la synthèse de ce que l'interlocuteur a communiqué jusqu'à un certain point dans la conversation. Le but du résumé est en quelque sorte de reformuler ce qui a été dit sans le déformer et sans y ajouter ses propres pensées.

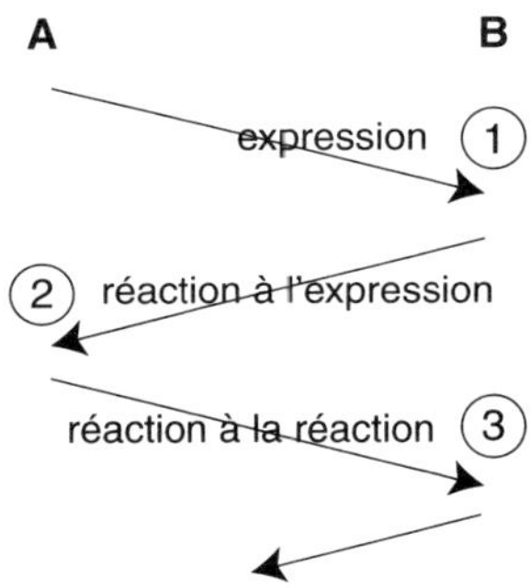

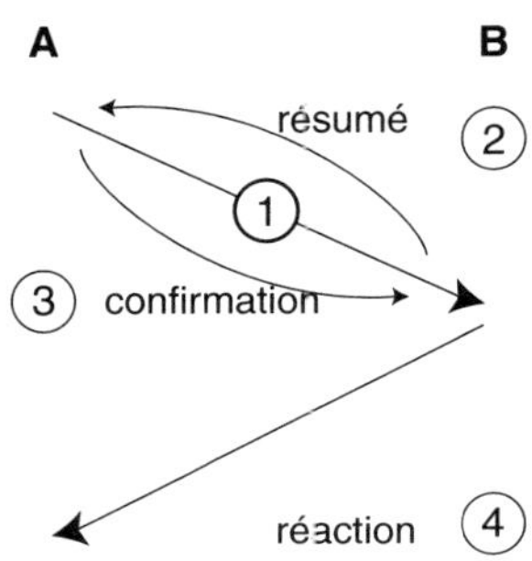

Dans une expression normale, entre A et B (dans l'exemple), A s'exprimera (1), ensuite B réagira (2) à l'expression de A, ensuite A réagira (3) à la réaction de B, et, ainsi de suite...

Lors d'un résumé, la discussion s'arrête et un des interlocuteurs répète ou reformule l'expression ou la réaction de l'autre. Par exemple, si A parle (1) à B et expose un problème, plutôt que de réagir, B dira : « Permettez-moi de voir si j'ai bien compris le problème : vous m'avez dit que... ». Et il présente l'expression de A telle qu'il l'a comprise. À la fin de son résumé (2) il demande si c'est bien ça, s'il a bien compris. Si A (3) confirme que c'est bien ça, B réagit (4) au problème qu'il est sûr d'avoir compris.

A et B ont fait une véritable boucle en arrière en ce qui concerne le contenu de leur discussion. Aussi, dans le processus, B a séparé son temps d'écoute et de compréhension du message de son temps de réaction.

Le résumé est, par ailleurs, une technique qui peut être initiée, aussi bien, comme dans l'exemple précédent, par la personne qui écoute, que par la personne qui vient de parler.

Par exemple :

Vous pouvez dire, après vous être exprimé sur un sujet ou un problème : « Je ne suis pas sûr de m'être bien exprimé, pouvez-vous me faire un résumé de ce que vous avez entendu ? »

Dans ce cas, vous vous assurez que la personne a bien écouté et compris.

S'il y a quelque chose comme : « C'est exact, sauf que je n'ai pas... », vous pouvez peut-être redemander un autre résumé ensuite.

L'utilité d'un résumé est évidente pour bien définir un problème ou lorsque vous démarrez une discussion ou un entretien. Mais il peut aussi servir à éclaircir à tout moment certains points délicats dans la communication et enfin à préparer la conclusion ou la fin d'un échange.

Il vous permettra surtout de vous assurer que vous avez bien compris votre interlocuteur et qu'il vous a bien compris, ce qui est nécessaire pour tout bon entretien. Enfin, il vous permettra d'éliminer certains aspects de l'entretien que vous pouvez juger secondaires ou inutiles et de vérifier si c'est aussi le cas pour votre interlocuteur.

▸ La ré-expression des sentiments

La ré-expression des sentiments n'est pas éloignée du résumé, sauf qu'au lieu de résumer ce que l'autre a dit, vous résumez ce qu'il n'a pas exprimé.

Par exemple :

- « Je ressens une certaine colère dans votre attitude » ;
- « Cette situation doit vous être très inconfortable ».

Certaines personnes sont souvent réticentes à exprimer leurs sentiments véritables. Cependant, si vous suggérez que de tels sentiments existent, votre interlocuteur pourra alors penser : « Il comprend vraiment ce que je ressens » et il pourra immédiatement s'ouvrir plus.

Le risque qui existe dans l'utilisation de la ré-expression des sentiments est que cette technique fait appel à votre capacité de deviner. Si vous devinez à tort, votre interlocuteur pourra se sentir insulté ou blessé, ou les deux à la fois, surtout si vous insistez sur votre interprétation.

Il vaut mieux, en effet, bien dire que vous interprétez et que vous n'êtes pas absolument sûr de ce que vous avancez, mais que vous le proposez parce que ça serait peut-être une aide à la solution du problème.

> *Autrement dit, la ré-expression des sentiments est une technique difficile qui demande une certaine distance par rapport au problème et qui présuppose peut-être une bonne relation entre les interlocuteurs.*

Exercice

Exercice d'application sur les questions

Caractérisez la nature de chaque question ci-dessous en mettant une croix dans la colonne qui vous semble être la bonne parmi les quatre possibles.

	OUVERTE		FERMÉE	
	Neutre	Influencée	Neutre	Influencée
1. Êtes-vous majeur ?				
2. Que pensez-vous de cet article ?				
3. Où allez-vous ?				
4. Êtes-vous d'accord avec la décision prise par le groupe ?				
5. Pourquoi avez-vous pris cette direction ?				
6. Ne pensez-vous pas que nous devrions nous dépêcher ?				
7. Que pensez-vous de cet achat ?				
8. Faut-il vraiment élire cet incapable à ce poste ?				
9. Que pensez-vous de cette pratique inadmissible de majorer ses frais ?				
10. Essayez-vous toujours d'être à l'heure ?				
11. Ne devrait-on pas exercer une censure sur les films érotiques ?				

12. Pourquoi vous êtes-vous conduit d'une manière aussi désagréable ?				
13. Irez-vous chez Paul ?				
14. Vous savez au moins compter jusqu'à dix ?				
15. Pensez-vous que vous aimeriez avoir des enfants ?				
16. Pourquoi proposez-vous toujours des solutions inapplicables ?				
17. Que pensez-vous des manipulations politiques du parti ?				
18. Avez-vous demandé l'avis de Durand ?				
19. Que pensez-vous des erreurs qui ont été commises ?				
20. Ne devrait-on pas arrêter là cet exercice ?				

Réponses en annexe IV page 221

Une illustration

« Georges BRASSENS : Tu sais, à force de réciter des poèmes en classe, et d'écouter des chansons on voit à peu près comment ça se fabrique.

André SEVE : Mais tu as travaillé la versification ?

G.B. : La plupart de ceux qui écrivent des chansons n'ont pas étudié la versification. On est fait pour écrire des chansons ou on n'est pas fait pour ça. Si on est fait pour ça, on n'a pas tellement besoin d'apprendre des règles.

A.S. : Toi, tu les as apprises ?

G.B. : Oui, plus tard, parce que je raffinais un peu, mais…

A.S. : Tu en as conservé de tes premières chansons ?

G.B. : Non. On peut écrire des chansons sans... tu ne m'écoutes pas ?

A.S. : Non, c'est parce que...

G.B. : Tu suis ta pensée, je sens ça. Tu viens ici avec des idées préconçues et tu veux toujours suivre ton chemin, pas le mien. Quand j'avance quelque part sur une idée, il faut me laisser partir et tu m'arrêtes. Là, j'aurais pu dire des choses mieux. Mais il faut le temps pour que ça vienne.

A.S. : On y reviendra.

G.B. : Il ne faut même pas dire qu'on y reviendra, il faut qu'on continue de parler, sans que tu t'occupes des questions que tu as fabriquées ou que toi, tu veux suivre. Veux-tu Brassens ou veux-tu fabriquer Brassens ? Si tu suis ton idée, tu perds ce que moi, en suivant ce qui me venait, j'allais te dire...

A.S. : Les spécialistes n'ont pas su m'ouvrir à tes musiques, ni même tellement à tes textes.

G.B. : Parce que toi, tu ne t'ouvres que si tu veux. Depuis que tu me questionnes, je le vois bien. Quand je t'explique quelque chose qui ne coïncide pas avec ce que tu voulais que je te dise, tu détournes la conversation.

A.S. : Moins maintenant ? Après trois jours d'écoute.

G.B. "D'écoute", si on veut. Non, tu attends, tu attends, et quand ça coïncide avec ce que tu attends, pof, ça fait tilt, tu me regardes d'une façon vivante, tu es ouvert. Mais quand ça ne coïncide pas, je vois ton visage sans vie, je te surveille, tu sais, j'en apprends beaucoup sur toi en observant ton comportement d'interviewer. Tu arrives ici avec Brassens entièrement préfabriqué dans ta tête et tu veux me faire entrer là-dedans. La seule chose qui t'intéresse, c'est de me faire dire ce que, d'après toi, Brassens doit dire, ce que Brassens doit être. Tu pourrais avoir le vrai Brassens, et en tout cas un Brassens inattendu. Mais tu t'es préparé au Brassens que tu veux. On attend toujours les êtres comme on les veut, on n'est pas prêt à la surprise. »

Extrait de *Toute une vie pour la chanson*, A. Seve interroge Georges Brassens, Le Centurion, Paris, 1975.

Pour résumer

Une bonne utilisation des techniques de communication peut permettre de mieux s'informer, c'est-à-dire de renforcer son Adulte.

Ces méthodes éprouvées peuvent facilement s'apprendre et s'appliquer dans toutes nos relations personnelles et professionnelles.

Chapitre 8

Les mécanismes d'auto-manipulation : les rackets et les timbres

Les rackets

Avez-vous déjà eu l'impression que certaines personnes demandaient de l'attention et n'étaient jamais satisfaites ? Quel que soit le nombre de fois où vous leur ayez donné raison, ou quel que soit le nombre de concessions que vous leur ayez faites, cela ne suffisait pas, elles en demandaient toujours plus ?

Vous étiez sans doute, et sans le savoir, en contact avec leur racket.

> *Un racket, en analyse transactionnelle, c'est la substitution de l'expression d'un sentiment ou d'une émotion, profonde et authentique, par l'expression d'un autre sentiment ou d'une émotion « plus acceptable » socialement parlant.*

L'origine d'un racket peut remonter très loin dans le temps : l'enfant très jeune, d'une part, et l'Enfant Spontané chez les adultes, d'autre part, peuvent s'exprimer sans tenir compte des autres.

Bien vite cependant, ce premier y est contraint et c'est l'apparition de l'Enfant Adapté. Dans bien des cas, cette adaptation consiste à remplacer l'expression des émotions spontanées comme plus acceptables par l'environnement de cet enfant.

Par exemple :

L'enfant qui se met en colère et dont la mère dit : « Ce n'est rien, il est seulement fatigué. »

- Un tel enfant peut apprendre ainsi à remplacer sa colère par la fatigue :
  - Comportement autorisé — Fatigue
  - Émotion interdite — Colère

La même personne quarante ans plus tard éprouve soudain une grande fatigue lorsqu'elle est contrariée.

Autre exemple :

Six personnes dans une même situation éprouvent des émotions ou des sentiments différents. Ainsi, dans une rame de métro bondée aux heures de pointe :

- La personne n° 1 se sent triste devant toute cette foule au regard fatigué ;
- La personne n° 2 a peur de ne pas pouvoir sortir au bon moment, or sa station approche ;
- La personne n° 3 est contente d'éviter ainsi les encombrements automobiles ;
- La personne n° 4 se sent de l'attachement pour tous ces gens dont elle partage la douce proximité ;
- La personne n° 5 profite avec plaisir de ce temps libre pour lire son journal ;
- La personne n° 6 entretient sa colère en marmonnant à voix basse « métro, boulot, dodo... métro, boulot, dodo... ».

On voit ainsi que ce système de déguisement des émotions, né comme une adaptation au milieu original (familial), entraîne souvent une inadaptation ultérieure. Dès lors, la personne est contrainte de manipuler son environnement pour qu'il réponde à ses émotions déguisées ainsi qu'on le faisait dans son milieu originel. Si elle y arrive, cela lui permettra de continuer à exprimer sous leur forme déguisée habituelle ses véritables émotions et de maintenir son cadre de référence symbiotique.

Ce type de comportement est souvent comparé à celui des gangsters qui offrent aux gens une protection ne servant en fait qu'à leur extorquer de l'argent (rackets).

> *Les rackets, en analyse transactionnelle, sont donc des émotions ou des comportements déguisés qui cherchent à être reconnus.*

8. Les mécanismes d'auto-manipulation : les rackets et les timbres

N'importe quelle émotion est susceptible de remplacer n'importe quelle autre, et de constituer ainsi un racket (émotion déguisée) qui a perdu de son efficacité. Bien que perpétuellement insatisfaite, la personne y puise un sentiment de sécurité : elle ne risque pas d'exprimer des émotions « non autorisées », et de susciter ainsi un rejet de la part d'un Parent interne.

Cependant, tous les rackets ne se ramènent pas au remplacement d'une émotion par une autre. Nous avons vu plus haut l'exemple du remplacement d'une émotion (colère) par une réaction physiologique de base, la fatigue.

Ceci n'est encore qu'un cas particulier d'un mécanisme général qui est celui de l'adaptation de la personne à son environnement. En effet, dans une situation donnée, nous avons le choix entre plusieurs niveaux de réponses et même entre plusieurs réponses à chacun des niveaux. Ces différents niveaux peuvent être décrits de la façon suivante :

Niveaux	Types de réponses
Besoins biologiques de base	Sommeil, faim, sexe, chaleur, froid, respiration...
Émotions	Joie, tristesse, peur, colère
Sentiments (émotions socialement programmées)	Mépris, pitié, honte, admiration, fierté, patriotisme...
Pensées	Raisonnement, réflexion, analyse, idée, prévision
Structuration du temps	Retrait, rituel, passe-temps, activités, jeux, intimité

> *Les rackets consistent à déguiser une de ces réponses par une autre, et ceci d'une façon destructrice pour la personne.*

Par exemple : ainsi, dans la boulimie, la faim déguise la colère ou la tristesse. Chez le persécuteur le mépris et la colère déguisent la peur, de même que souvent la réflexion peut servir à éviter l'action, et non pas à la préciser ou à la rendre plus efficace.

On voit ainsi que bien que le fait de remplacer l'une de ces réponses par une autre puisse résulter d'une adaptation positive de la personne à son environnement, dans le cas d'un racket, ce mécanisme sera principalement utilisé pour déguiser la réponse initiale et ne permettra donc pas de résoudre vraiment le problème posé.

Indiquons cependant qu'il est utile, dans une perspective de simplification de ramener, chaque fois que possible, la notion de racket au déguisement d'une émotion par une autre. C'est en effet la définition la plus courante de la notion de racket, parce que la plus facile à utiliser.

Il est souhaitable de repérer les rackets chez soi-même et, le cas échéant, chez les autres car :

- **La demande étant déguisée, la réponse ne sera jamais satisfaisante**, quelle que soit l'énergie que l'on pourra déployer pour cela.

Par exemple : une gourmandise peut être l'expression d'un autre besoin plus émotionnel. Si le vrai problème n'est pas résolu, la même fringale risque de se reproduire quelque temps plus tard, car seul le symptôme est traité, et non la demande réelle.

- **Les rackets, lorsqu'ils échouent,** ce qui est assez souvent le cas, **donnent naissance à des jeux pervers** (voir chapitre suivant), qui peuvent être nettement et directement nuisibles pour les partenaires.

Il faut noter enfin que les rackets relationnels utilisent, à un moment ou à un autre, le chantage affectif et que celui-ci repose sur l'idée que l'autre est responsable de vos propres sentiments, comme vous êtes responsable des siens.

Par exemple :

- « Regardez ce que vous m'avez fait faire. »
- « Chaque fois, il me met en colère ; c'est plus fort que moi ! »
- « Non, je n'ose pas, je ne voudrais pas lui faire de peine. »
- « À quoi "ça" vous fait penser ? »

Repérer et comprendre le caractère erroné de cette croyance est le principal moyen d'éviter les rackets et les jeux pervers.

8. Les mécanismes d'auto-manipulation : les rackets et les timbres

Rackets et transformation

« Attention, une émotion peut en cacher une autre ! »

L'analyse transactionnelle aide une personne à reconnaître ses rackets (émotions déguisées) et à retrouver avec ses émotions véritables la plénitude de son énergie et de sa créativité.

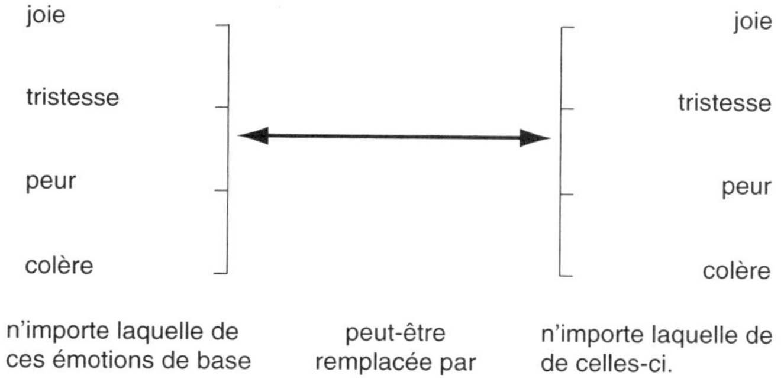

Comment repérer un racket (émotion de façade) ?

- L'émotion est exprimée sans relation directe à la situation présente.
- Elle est exprimée de façon peu convaincante ou peu naturelle.
- Ce sont toujours les mêmes émotions que la personne exprime et bien qu'elle les trouve désagréables, elle semble en fait les entretenir.
- Le comportement de la personne semble contradictoire (par exemple, elle sourit en racontant ses malheurs).
- On se sent mal à l'aise, agacé, exploité, et cette sensation se renforce avec la répétition.

Comment éviter les rackets ?

- Prendre la responsabilité de ses émotions et de ses actes :
  - « Je me suis mis en colère » (pas « il m'a mis... ») ;
  - « J'ai fait cette erreur » (pas « il m'a fait faire... »).
- Refuser de prendre la responsabilité des émotions et des actes des autres :
  - « Il a eu de la peine » (pas « je lui ai fait de la peine... »).

La collection de timbres

- « J'en ai ras le bol. »
- « Je note... je note... »
- « C'était vraiment une fois de trop ! »
- « Lui, je l'ai dans le collimateur... »
- « L'étincelle qui met le feu aux poudres. »
- « La goutte d'eau qui fait déborder le vase. »
- « Il y a des cadavres dans le placard. »

Ces expressions ont en analyse transactionnelle beaucoup en commun. L'effet d'accumulation auquel elles font allusion se retrouve dans le concept que l'on appelle la collection de timbres.

Proche du racket, la collection de timbres est un système d'accumulation des émotions comparable au système de « points cadeaux » en usage au niveau commercial : en faisant toutes vos courses dans le même magasin, en achetant toujours la même marque d'essence, de chocolat..., vous allez réunir une collection de timbres suffisamment importante pour bénéficier de cadeaux gratuits : en échange de dix points, vous avez droit à... ; en échange de 50 points, vous avez droit à... ; etc.

Les expressions citées précédemment évoquent une collection de timbres psychologiques ; en échange de dix frustrations, certaines personnes s'autorisent un « coup de gueule », en échange de cinquante, une véritable colère, en échange de quatre-vingt, une bagarre, en échange de cent, un meurtre. La dernière frustration est « la goutte d'eau qui fait déborder le vase ». Le même système de collection des émotions non exprimées, suivi d'une liquidation globale, et souvent brutale, existe aussi pour les émotions positives ; au lieu de timbres marron (négatifs), il s'agit de timbres dorés qui s'échangent contre un bon dîner, des achats, une partie de plaisir ou des vacances.

La collection de timbres d'un individu est souvent très reliée à son ou ses rackets : en effet, toute émotion interdite ne l'est que jusqu'à une certaine limite.

> *Satisfaire ses besoins de façon déguisée (racket) n'est qu'une façon d'entretenir cette interdiction et de continuer à refouler l'émotion interdite. Le processus pour la personne consiste à accumuler suffisamment d'émotions refoulées pour ensuite se permettre d'exprimer celles-ci sans culpabilité.*

Par exemple : après cinq années d'humiliations continues ou de colères accumulées :

- Un mari harcelé par sa femme se donne le droit d'entamer une action en divorce ;
- Une commerçante insulte un client insupportable ;
- Un employé donne sa démission en claquant la porte.

Les principes qui régissent les collections de timbres

Quelques principes, parfois amusants, définissent divers comportements face aux collections de timbres en faisant un parallèle avec une collection de timbres ristournes :

- Un individu peut ne collectionner qu'un type de timbres (colère, par exemple) ou, au contraire, collectionner tous les types de timbres (colère, honte, peur, etc.) ;
- Certaines personnes fabriquent leurs timbres de toutes pièces, d'autres en modifient seulement la valeur ;
- Comme chez les collectionneurs, certains aiment à montrer leur collection alors que d'autres la tiennent jalousement cachée ;

- Il existe aussi des collections communautaires : la collection des griefs des habitants d'une commune (cette collection appartient aussi bien à chaque individu qu'au groupe) à l'égard de leur maire ;
- Certains se font un plaisir d'aider les autres et sont prêts à coller eux-mêmes un timbre dans l'album d'un ami (« Tu ne vas pas laisser passer ça tout de même ? ») ;
- Certains retrouvent parfois un vieil album oublié qu'ils reprennent avec un nouvel intérêt ;
- Certains héritent d'un album déjà partiellement rempli par une relation familiale, amicale et même professionnelle ;
- Certaines collections peuvent aussi être parfois simplement abandonnées ;
- Certains, après avoir touché leur lot, gardent leur collection dans l'espoir de se faire payer une deuxième fois.

Sans être exhaustifs, ces quelques principes vous proposent une base de réflexion applicable à la vie de tous les jours et proposent, par là même, quelques moyens d'action au niveau de ces collections.

Pour ne pas se laisser emporter par ses collections de timbres négatifs, il est souhaitable :

- De regarder en face ce que l'on s'interdit d'exprimer ;
- De prendre conscience des collections que l'on a en cours et de les liquider à petites doses dans un environnement sûr (développement personnel), voire de les détruire et de choisir d'y renoncer ;
- De se donner à intervalles réguliers, les différentes « soupapes de sécurité » dont on a besoin ;
- De chercher les façons plus ingénieuses, plus profitables, d'obtenir des stimulations dont on a besoin : élargir son répertoire de comportements, des sensations, d'émotions ;
- D'exprimer son ressenti sans délai ni « stockage », lorsque le contexte le permet.

8. Les mécanismes d'auto-manipulation : les rackets et les timbres

Pour résumer

« Pourquoi remettre à demain ce que nous pouvons exprimer tout de suite » peut être l'adage qui permettrait de « vider notre sac » et de traiter nos émotions quotidiennes au fur et à mesure de leurs apparitions.

La notion de collection de timbres concerne donc l'accumulation de sentiments négatifs non exprimés qui, à terme, nous permettent de profiter d'une dernière « goutte d'eau » pour avoir des exigences démesurées.

Chapitre 9

Les mécanismes de manipulation d'autrui : les jeux

- « Comment peux-tu agir de cette façon envers nous ? Surtout après tout ce que nous avons fait pour toi ! »
- « J'en étais sûr ! Je vous l'avais bien dit ! Ce sont des incapables ! C'est bien la dernière fois que je leur laisserais ma voiture à réparer ! »

La première phrase prononcée par un parent moraliste et la deuxième par un client excédé sont toutes deux indicatrices de ce que l'on appelle un jeu ou encore un jeu pervers. Elles font apparaître ce que l'on appelle « le coup de théâtre » ; le Parent qui auparavant était disponible et « Nourricier », se révèle en fait moralisateur et « critique ». Le client qui a fait un « essai » de confiance redevient autoritaire et impatient.

> *En fait, ces deux personnes ont soudainement changé de rôle par rapport à leurs interlocuteurs, et c'est ce changement de rôle qui fait apparaître le jeu.*

Le triangle dramatique

> *En effet, on distingue trois rôles possibles dans un jeu : Persécuteur, Sauveteur et Victime Soumise ou Rebelle. L'ensemble de ces trois rôles, joué par une personne (entre ses états du moi) ou par plusieurs individus comme sur une scène de théâtre, constitue le triangle dramatique.*

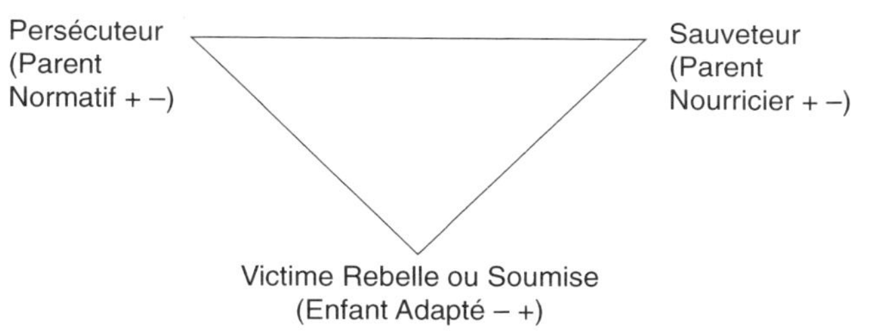

Les jeux s'inscrivent dans des rapports de compétition : ils ont donc un rapport important avec les positions de vie des joueurs. Nous voyons dès lors que le Persécuteur et le Sauveteur sont souvent des transcriptions de la position de vie + – à partir du Parent Normatif et du Parent Nourricier.

De même, la Victime est souvent une transcription de la position – + à partir de l'Enfant Adapté. Cette victime sera rebelle ou soumise selon qu'elle active son Enfant Rebelle ou son Enfant Adapté Soumis.

Nous voyons ainsi rapidement que l'Adulte et l'Enfant Spontané ne sont pas présents ou actifs lorsqu'il existe un jeu entre plusieurs individus ; il en est de même pour la position de vie + +.

> *Ainsi, la « solution » des jeux, ou la manière d'en sortir, consiste principalement à activer un de ses états du moi non utilisé ou de passer dans la position de vie + + et, de cette façon, sortir du triangle dramatique.*

Quelques « recettes » dans cette direction sont détaillées dans le chapitre sur les techniques de communication (écoute, reformulation, etc.).

Rackets et jeux, un exemple

Les jeux reposent au minimum sur un retournement de situation effectué par l'un des deux partenaires afin d'éviter l'échec définitif de son racket.

Nous vous proposons l'exemple suivant d'un jeu entre une jeune femme et son fiancé.

1. Apprentissage du racket

Une petite fille apprend dans les relations avec son père que lorsqu'elle veut de l'attention, la colère lui est interdite (on l'enferme dans sa chambre), mais la tristesse permise (son père la console) : elle apprend donc à remplacer la colère par la tristesse afin d'obtenir l'approbation de son père.

Ce faisant, elle entre dans le triangle dramatique en position de Victime Soumise et s'en trouve satisfaite chaque fois que son père réagit en Sauveteur et la console, ce qui rétablit la symbiose originelle.

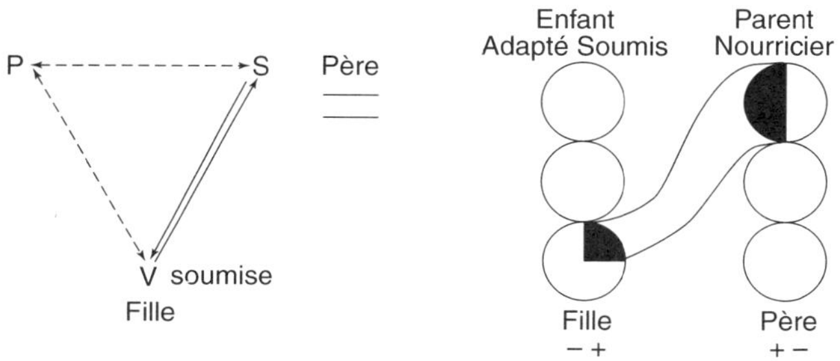

2. Échec du racket

Quelques années plus tard, celle qui est maintenant une jeune femme utilise le même racket pour obtenir l'attention de son fiancé. Celui-ci ne réagissant pas à ses multiples soupirs, elle escalade et se met un jour à pleurer. Le fiancé, gêné, ne sachant comment réagir, prend du champ et elle se retrouve seule. Manifestement, son racket « échoue » puisque son « beau » ne répond pas à sa demande cachée de prise en charge par un Parent Nourricier.

3. Escalade et changement de rôle

Dans les jours qui suivent la jeune femme accumule un certain nombre de crises de jalousie et d'accusations qui créent autant de difficultés dans la relation. Pendant cette période, le jeune homme se sentira victime de sa fiancée qui sera passée au rôle de Persécuteur.

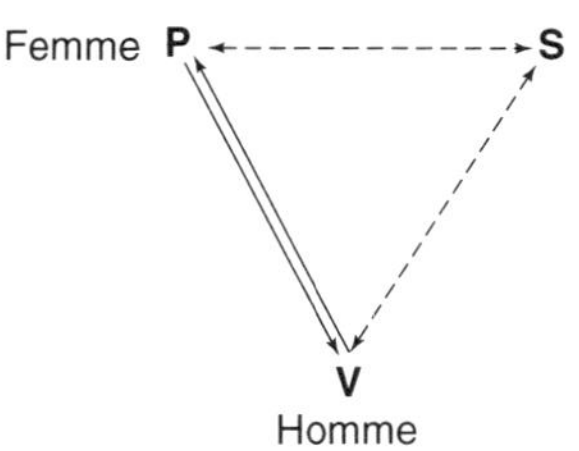

4. Rétablissement du racket

Pour enfin remédier à cette situation, le jeune homme l'interroge sur ce qui ne va pas. Elle se met à pleurer et il passe toute une soirée à la consoler. Ainsi elle retourne au rôle de Victime, mais cette fois-ci elle a en face d'elle le Sauveteur qu'elle cherchait au départ. Elle a réussi à rétablir son racket.

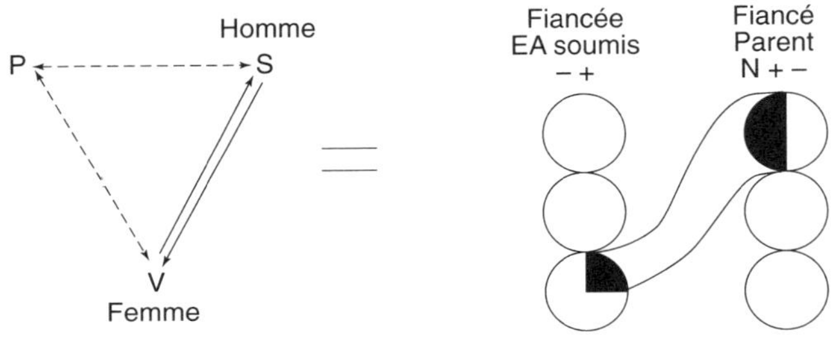

5. Bénéfice négatif

Malheureusement, lorsqu'elle obtient ce qu'elle semblait vouloir, les deux protagonistes ont le sentiment que quelque chose ne va pas dans leur relation. Ils ajoutent ainsi une nouvelle colère refoulée à leur collection de timbres, préparant peut-être une rupture plus dramatique.

Les trois catégories de jeux

Il y a une quantité innombrable de jeux différents, nommés d'après la situation dans laquelle ils ont lieu, ou l'objectif réel (le racket) de la personne qui les joue.

Aussi, et plus simplement, ces jeux peuvent être classés selon le rôle qu'ils aident à confirmer (Persécuteur, Sauveteur, Victime). L'exemple précédent est un cas de « pauvre de moi » (jeu de Victime) joué par la jeune femme, et accompagné d'un jeu complémentaire joué par son fiancé, qui est ainsi coresponsable du processus.

9. Les mécanismes de manipulation d'autrui : les jeux

Classification des jeux :

- **Victime :** botte-moi les fesses – jambe de bois – débordé de travail – déjeuné sur le pouce – pourquoi faut-il que ça m'arrive toujours à moi ? – pauvre de moi – c'est-y pas affreux – j'essaie de faire de mon mieux – oui, mais...
- **Persécuteur :** les défauts – coincé – maintenant je te tiens salaud – le viol – oui, mais – battez-vous tous les deux – je vous ai pourtant dit – la crise de colère – le mien est mieux que le tien – pourquoi faut-il toujours que tu...
- **Sauveteur :** j'essaie seulement de t'aider – laisse-moi le faire à ta place – ils se féliciteront de m'avoir connu – heureux de vous rendre service – raconte-moi tes malheurs – prenez donc un verre – à votre place je...

Les trois degrés des jeux

Les jeux peuvent être joués à trois degrés différents d'intensité :

- **Premier degré :** il est joué en société, et il en résulte de simples désagréments affectifs ou physiques.
- **Deuxième degré :** les joueurs sortent durablement marqués moralement par un jeu de deuxième degré. Étant donné son intensité une partie au moins du jeu se déroulera en privé.
- **Troisième degré :** Ces jeux impliquent un dommage physique et psychologique important et durable et peuvent se terminer à l'hôpital, en prison, dans un hôpital psychiatrique, à la morgue.

Transactions et jeux

> *Un jeu est une suite de transactions cachées progressant vers un résultat bien défini et prévisible ; un échange de transactions cachées se déroulant hors de la conscience de l'Adulte. L'ensemble de ces échanges aboutit à un bénéfice négatif vécu sous forme d'émotions désagréables.*

Exemple A :

Le jeu du « Maintenant je te tiens salaud », joué lors d'une conférence sur l'analyse transactionnelle. Six étapes : amorce – point faible – réponse – retournement de la situation – moment de confusion – bénéfices négatifs.

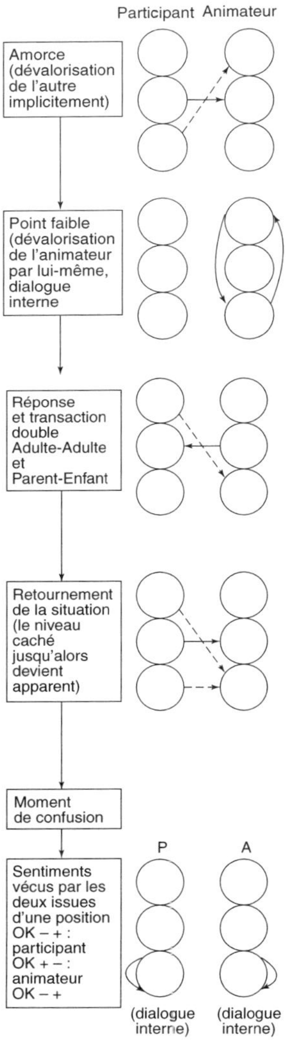

1. **Amorce –** le participant en apparence Adulte : « Est-ce que vous croyez que l'AT peut vraiment apporter quelque chose ? »

   (Enfant Rebelle : je pense que ça n'apporte rien.)
2. **Point faible** – le conférencier : dialogue interne basé sur une dévalorisation de l'Adulte, entrant en symbiose avec le participant et projetant sur lui son propre Parent qui dit : « Sois parfait », son Enfant Adapté disant : « J'essaie seulement de le convaincre. » L'Adulte est alors contaminé.
3. **Réponse du conférencier** – Adulte (explicite) : « Oui certainement l'analyse transactionnelle apporte tel ou tel avantage. »

   Enfant (caché) : « Je fais de mon mieux bien que j'aie peur. »
4. **Retournement de situation par le participant** : « Ce que vous dites est possible, cependant comment expliquez-vous que beaucoup s'accordent à dire que ce n'est qu'une mode passagère ? » Parent : « Maintenant, je te tiens salaud ! » Enfant : « Faut pas me la faire à moi, ha, ha... »
5. **Moment de confusion** : une ou les deux personnes « perdent leurs moyens », dans une confusion mentale.
6. **Résultat négatif** pour les deux et pour la relation, qui est de compétition.

Dialogues internes :

- Conférencier Enfant : « Je me suis fait avoir », sentiment de tristesse, de colère, Victime, je ne suis pas « OK », – + ;
- Participant Enfant : « Je l'ai eu, je suis le plus fort, sa technique ne vaut rien », sentiment de triomphe (tristesse, solitude), Persécuteur, je suis « OK », il n'est pas « OK », + –.

9. Les mécanismes de manipulation d'autrui : les jeux

Le bénéfice (résultat) négatif qui est la phase finale du jeu vise plusieurs buts :

- La confirmation du racket ;
- L'avancement de la collection de timbres ;
- Le renforcement de la position de vie ;
- La sécurité psychologique par le maintien des symbioses imaginaires ;
- L'avancement du scénario d'échecs ;
- Le maintien du cadre de référence.

Exemple B :

Le jeu de « Oui mais » joué dans un couple.

- « Jean, tu peux emmener les enfants à l'école, mardi ?
- Oh non, tu sais que le mardi je dois ouvrir le magasin un peu plus tôt.
- Eh bien, fais-toi remplacer !
- Oui mais ça m'obligerait à rester plus tard le même soir.
- Eh bien, rentre plus tard.
- Oui, mais tu sais qu'il n'y a plus de train après 19 heures.
- Oui, dis plutôt que tu ne veux pas m'aider. C'est toujours moi qui m'y colle.
- Mais comment veux-tu que je fasse ? Je veux bien accompagner les enfants à l'école mais dis-moi comment je rentre le soir.
- Écoute, ça commence à bien faire ! Tu ne participes jamais aux corvées.
- Mais c'est pas possible, je n'y peux rien. T'as qu'à demander à ta mère de le faire.
- Etc.

Exercice

Nous vous proposons d'utiliser l'exemple ci-dessus pour vous exercer, et faire l'analyse de chaque phrase en termes de positions de vie, rackets, collections de timbres, symbioses, états du moi et résolution de problèmes.

Quelques jeux courants

La liste ci-dessous vous décrit schématiquement quelques-uns des jeux courants avec leurs caractéristiques. Après les noms des jeux, volontairement imagés ou argotiques, il est important de connaître *la thèse* ou la croyance « mythologique » qu'ils cachent. *Le but* du jeu fait allusion au racket que la personne jouant le jeu cherche à rétablir.

Les *rôles* sont en termes de Persécuteur, Sauveteur et Victime. Quand il y a plusieurs options, cela indique plusieurs façons de jouer le jeu. *L'antithèse* est une proposition d'intervention susceptible d'arrêter le jeu, avec l'état du moi concerné chez l'intervenant.

Nous vous proposons d'étudier chaque jeu et de réfléchir et de discuter de ceux que vous reconnaissez chez vous ou dans votre entourage.

Jambe de bois

Le joueur fait voir sa « jambe de bois » (asthme, pas de diplômes infirmité réelle ou fictive...) et fait savoir qu'on ne peut rien espérer de sa part.

Son but est de démontrer qu'il n'a pas la responsabilité de résoudre ses propres problèmes.

De Victime, il passe le plus souvent à Persécuteur.

Pour arrêter le jeu, changez de sujet ou dites : « Alors, que comptes-tu faire ? » (Adulte) ou « Il me semble que tu as décidé qu'il n'y a pas d'espoir. »

9. Les mécanismes de manipulation d'autrui : les jeux

La scène (l'engueulade)

Le joueur évite un problème ou la solution du problème en créant distance, confusion et bruit entre lui et son interlocuteur.

Il cherche en fait à se mettre dans un retrait colérique pour éviter l'intimité.

De son rôle initial de Persécuteur ou de Victime, il passe à un rôle de Victime ou de Persécuteur sans jamais passer en Sauveteur.

Pour arrêter le jeu, criez : « Pouce ! » (Enfant Spontané), ou mettez-vous d'accord de ne pas se séparer avant que le problème soit résolu, ou encore, reformulez le problème (Adulte).

Maintenant je te tiens, salaud !

Le joueur cherche à « avoir » son interlocuteur, si bien qu'il n'aura pas à penser à ses propres problèmes.

Il cherche en fait, par ce triomphe à cacher un sentiment profond d'échec.

De son rôle initial de Persécuteur ou de Victime il passe à un rôle de Victime ou de Persécuteur.

Pour arrêter le jeu, criez : « J'abandonne ! » ou « tu m'as eu ! » (ES) ou soyez d'accord et pas d'accord (A).

Donne-moi un coup de pied

Le joueur fait un monde de ses fautes, de ses accidents, soutenant que ça n'arrive qu'à lui.

Il cherche des remontrances ou simplement à se faire rejeter.

De son rôle initial de Victime (ou de Persécuteur) il passe à un rôle de Persécuteur (ou de Victime).

Pour arrêter le jeu, passez au Parent Nourricier : « Dis-moi, c'est affreux ce qu'il t'arrive ! »

J'essaie seulement de t'aider

Le joueur prétend que si seulement on l'écoutait, tous les problèmes seraient résolus.

Son but est d'être étonné que les gens ne lui soient pas plus reconnaissants.

De Sauveteur (principalement), Victime ou Persécuteur, il passe à Victime ou Persécuteur.

Pour s'arrêter dans ce jeu, ne donnez pas de conseil, demandez : « Que comptes-tu faire ? » ou « Qu'attends-tu de moi ? »

Regarde ce que tu m'as fait faire

Le joueur prétend que ce qui lui arrive n'est pas de sa responsabilité : « C'est pas de ma faute, j'ai suivi les ordres ! »

Son but est de culpabiliser quelqu'un d'autre pour cacher sa propre peur.

D'un rôle initial de Victime ou de Persécuteur, il passe à celui de Persécuteur ou de Victime.

Pour arrêter le jeu, posez-vous en Parent Nourricier : « Dis-moi, c'est terrible tout ça ! » ou laisser le joueur tout seul ; ne pas lui donner de conseils.

Les défauts

Le joueur prouve que rien ni personne n'est parfait.

Il cherche en fait à attirer l'attention sur les imperfections des autres pour masquer les siennes.

De Persécuteur, il passe à Victime (principalement).

Pour arrêter le jeu, dites : « J'en ai marre d'entendre parler de problèmes ! Parlons plutôt de ce qui marche ! » (E. Spontané) ou « Je suppose que nous avons tous des points faibles. »

Battez-vous

Le joueur de ce jeu se sent exclu de son entourage, sa croyance principale est qu'il n'est jamais dans le coup.

Il joue ce jeu pour participer à la vie autour de lui, tout en se gardant la possibilité de quitter la bagarre si ça tourne mal.

Principalement Persécuteur (ou Victime), il passe à Victime (ou Persécuteur).

Pour arrêter le jeu, dites : « Eh bien, nous avons tous droit à nos opinions ! » ou « Je ne suis jamais dans le coup ! ».

Schlemiel (pardonne-moi)

Le joueur de ce jeu fait des gaffes pour ensuite se faire pardonner.

Son but peut être de se faire pardonner ou, au contraire, d'être remis à sa place.

Du rôle initial de Persécuteur (ou de Victime), il passe à celui de Victime (ou Persécuteur).

Pour arrêter le jeu, « Engueulez » avec humour (« Puis-je te donner autre chose à casser ? ») ou demandez si le joueur a besoin de quelque chose.

Schlemazl (je te pardonne)

Le joueur de ce jeu est complémentaire de celui qui joue Schlemiel. Il se fait maltraiter pour ensuite demander des excuses et pardonner.

Son objectif est surtout de recevoir des excuses.

De Persécuteur, Sauveteur ou Victime, il passe à Persécuteur ou Victime.

Pour arrêter le jeu, clarifiez le processus du jeu entre les personnes avec leurs responsabilités réciproques (Adulte).

> *Ainsi que vous l'avez entraperçu avec les jeux Schelmiel et Schlemazl, les jeux sont souvent complémentaires. Lorsqu'une personne « joue » la Victime, son interlocuteur « joue » souvent le Sauveteur ou le Persécuteur.*

De même, les jeux décrits ci-dessus, sont de nature complémentaire.

Par exemple :

« J'essaie seulement de t'aider » joue avec « regarde ce que tu m'as fait faire » (d'où la raison de ne pas donner de conseils à ce dernier), ou « donne-moi un coup de pied » joue avec « maintenant je te tiens, salaud ! ».

Cette complémentarité a de l'importance dans la mesure où elle permet de partager la responsabilité d'un jeu entre les joueurs. Ce n'est pas par hasard qu'une personne est Persécuteur, Sauveteur ou Victime dans une situation ou dans une relation.

C'est plutôt parce qu'elle a bien pressenti la complémentarité de son interlocuteur.

Ici, comme ailleurs, l'analyse transactionnelle met l'accent sur l'ensemble du système relationnel comprenant tous les individus qui en font partie.

> *Pour changer cet équilibre d'ensemble, il n'est souvent nécessaire que de changer une infime partie de cet ensemble.*

Jeux, rackets et timbres

L'analyse transactionnelle permet d'analyser et éventuellement de résoudre les problèmes relationnels provoqués par l'ensemble des rackets, des jeux et des timbres. Ces trois concepts sont intimement liés.

Nous vous proposons, pour schématiser cette interdépendance, le schéma suivant :

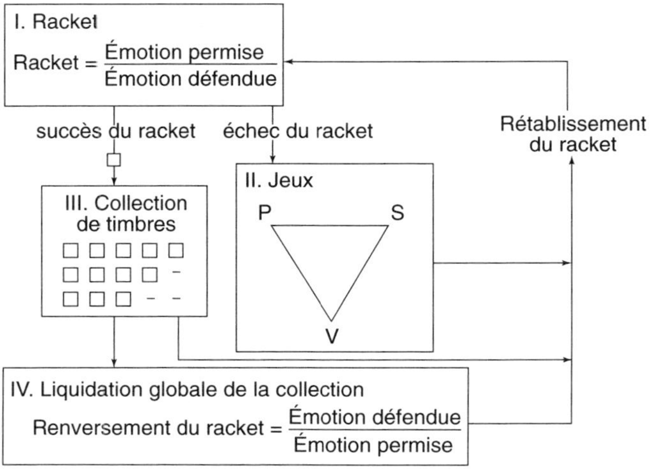

9. Les mécanismes de manipulation d'autrui : les jeux

Les trois notions de rackets, jeux et timbres sont très importantes dans l'étude des relations d'un individu à lui-même et à son entourage. Et, comme les autres concepts d'analyse transactionnelle, leur application au domaine sociologique (relations d'individu au groupe et de groupe à groupe) permet de repérer et de redresser des situations conflictuelles à tous les niveaux de réalité dans les organisations.

Entre autres, pour résoudre les problèmes de communication, l'analyse transactionnelle permet :

- De percevoir les rackets, collections de timbres et jeux émotionnels dans lesquels nous sommes impliqués en tant qu'individu ou groupe ;
- De percevoir les rôles sous-jacents dans ces situations en terme de triangle dramatique, de relations symbiotiques, d'états du moi ou de positions de vie ;
- D'imaginer et de mettre en pratique d'autres formes de relations qui soient plus efficaces et autonomes.

Plus concrètement, comment savoir si l'on est dans un jeu ou dans un racket ? En répondant à la question suivante : « Si ce que je tente en ce moment échouait, est-ce que j'en voudrais à l'autre, ou est-ce que je m'en voudrais ? »

Si la réponse est « oui » à l'une de ces questions, on est entré dans un jeu ou un racket :

- Soit comme Persécuteur ou Sauveteur (si ce que je tente échouait, j'en voudrais à l'autre) ;
- Soit comme Victime Rebelle ou Soumise (si ce que je tente échouait, je m'en voudrais).

Comment en sortir ? En définissant une vraie demande, celle qui, devant l'échec, n'aboutit pas à des regrets.

Pour résumer

La notion de jeu concerne des stratégies de manipulation où tous les acteurs concernés s'embourbent au sein de relations à la fois insatisfaisantes et improductives.

Ces stratégies stériles, dont les motivations sont souvent à la fois complexes et peu conscientes, peuvent toutefois être comprises et évitées ou déviées, dans un sens plus positif, par un comportement d'Adulte « averti ».

Chapitre 10

Les choix primitifs qui conditionnent nos vies : le plan de vie

Le concept du scénario, ou plan de vie, est l'aboutissement final de la théorie de l'analyse transactionnelle, ou, en quelque sorte, sa clé de voûte.

Il est donc important, pour une bonne compréhension de toutes les dimensions du mécanisme du scénario, d'y intégrer les éléments théoriques précédemment détaillés.

D'après Eric Berne, un scénario est « un plan de vie basé sur une décision prise dès l'enfance, renforcée par les parents, justifiée par des événements ultérieurs, et qui aboutit à une alternative choisie ». (*What do You Say After You Say Hello*, *op. cit.*, p. 445)

Mais cette définition académique nécessite quelques clarifications, à commencer par l'origine du scénario.

L'origine du scénario

Les trois états du moi sont activés dans une certaine mesure par toute expérience vécue. Ils enregistrent aussi bien l'expérience elle-même (informations, émotions et sensations) que les décisions existentielles prises par la personne en face de cette expérience.

Ces renseignements se font pour l'essentiel dans le cadre défini par les enregistrements passés. Parmi ceux-ci, les plus anciens jouent un rôle central. Ce sont, pour un individu, ceux de l'enfance, et, pour une entreprise ou une organisation, ceux de l'époque de la fondation.

> *Sauf exception, ces premiers enregistrements et les décisions qui les accompagnent conditionnent toute la vie de la personne, définissant ainsi un véritable « plan de vie » (ou scénario).*

Les exceptions à ce schéma sont de trois sortes :

- En situation de danger grave ou de risque important, certaines remises en cause partielles sont possibles ;
- Certaines personnes s'engagent dans un travail systématique de restructuration de leur moi. Ce peut être le cas pour un individu en psychothérapie ;
- Lorsque pour innover ou créer, un individu ou un groupe met provisoirement entre parenthèses son Parent Critique et son Enfant Adapté (créativité...).

> *À notre époque de changement accéléré, il apparaît de plus en plus nécessaire pour les personnes comme pour les organisations d'être conscient et d'être capable de transformer les valeurs (P), les méthodes (A) et le climat (E) vers une plus grande créativité, pour ne pas se laisser enfermer dans les préconceptions et les réponses automatiques définies par un scénario. Telle est la raison d'être de l'analyse transactionnelle.*

« Nous pouvons nous plier, modifier, nous rebeller contre, ou nous résigner à la programmation parentale (que nous avons subie). Quoi que nous fassions, sa présence est très forte et elle influence même nos choix, à savoir, s'y plier, la modifier, se rebeller ou s'y résigner. L'étude de cette programmation et de ses effets sur nous (nos réactions, décisions, et actions à son égard) constitue l'Analyse des scénarios. » (Southey SWEEDE, T.A. Guide, Woodstock, 1976, p. 58)

La matrice du scénario ou plan de vie

Les principaux éléments du scénario sont les prescriptions, les injections, les programmes et les décisions. Ces éléments sont illustrés par un schéma appelé la matrice du scénario.

La matrice suivante schématise l'influence d'un père et d'une mère sur leur fils.

10. Les choix primitifs qui conditionnent nos vies : le plan de vie

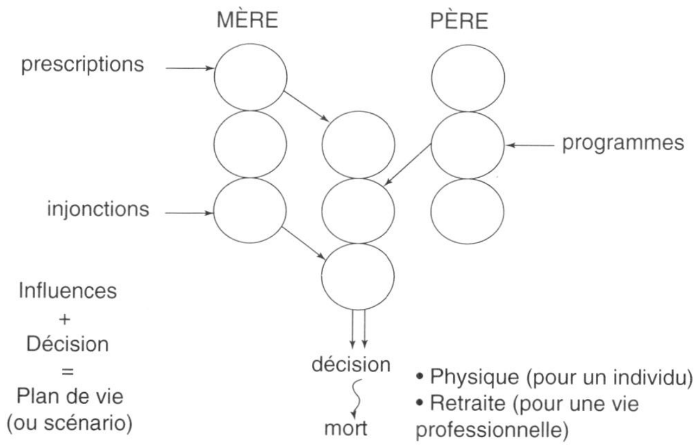

Les injonctions

Considérées généralement comme émises par l'Enfant du parent du sexe opposé, elles sont enregistrées dans l'Enfant Adapté (Parent dans l'Enfant) de la personne. Ce sont des messages négatifs qui ont été perçus par la personne très tôt dans son enfance. Ils sont souvent non verbaux et conditionnent le reste de son évolution.

Les principales interdictions sont (au niveau d'une personne physique) : n'existe pas, ne pense pas, ne ressens pas, n'aie pas de sensations, ne sois pas proche, ne sois pas toi-même, ne réussis pas, ne sois pas de ton âge, ne comprends pas, n'agis pas, n'aie pas d'attaches.

Les prescriptions (ou contre-injonctions)

Ce sont des messages formulés de façon positive et qui, liés aux jugements de valeur des parents, apparaissent plus tard dans la vie de l'enfant. Ces messages moins puissants que les interdictions (fais ce que je dis, pas ce que je fais) forment la base d'un plan de vie apparemment positif mais qui ne fait souvent que confirmer les effets des interdictions de départ. Ainsi, la prescription « sois indépendant » peut-elle renforcer l'interdiction « ne t'approche pas » et peut confirmer un « ne sens pas ».

Les principales prescriptions sont : sois parfait, dépêche-toi, fais-moi plaisir, sois fort, fais effort.

Les programmes

Ils constituent la réponse à la question : « Comment faire pour satisfaire à la fois les injonctions et les prescriptions ? » On considère généralement qu'ils sont fournis par le parent qui est du même sexe que la personne ; celui-ci, en effet, a probablement été choisi par le parent du sexe opposé en raison de son aptitude à concilier ces exigences. Ainsi, dans l'exemple du plan de vie cité plus loin, le programme donné par le père (voilà comment être un fonctionnaire consciencieux) permet au fils de satisfaire à la fois les prescriptions (travaille dur, sois sérieux, sois un bon père de famille) et les interdictions (ne sois pas autonome, ne nous quitte pas) édictées par sa mère.

Les décisions

Prises sous l'effet de ces influences contradictoires, autour de 6-7 ans, les décisions initiales du plan de vie sont en général des décisions bonnes au moment où elles sont prises, mais risquent d'enfermer l'avenir du sujet car son environnement a des chances de changer. C'est ce qu'évoque une locution populaire : « Il ne faut jamais dire fontaine, je ne boirai pas de ton eau ! »
Les décisions portent sur cinq éléments :

- Agir par rapport aux influences (prescriptions, interdictions, programme) ;
- Choisir une issue de secours si la situation devenait insupportable (se tuer, tuer quelqu'un, devenir fou, tomber malade) ;
- Choisir une position de vie ;
- Commencer un racket ;
- Grâce aux jeux, perpétuer ce racket et maintenir la symbiose initiale.

Scénario et contre-scénario

Ces décisions sont porteuses d'un véritable plan de vie qui détermine les principaux aspects de la vie personnelle (mariage, enfants, divorce, santé, mort) et professionnelle (argent, pouvoir, réussite, intérêt...) de la personne physique ou morale.

Elles prennent souvent la forme d'un « jamais plus » (jamais plus je ne montrerai ma faiblesse, jamais plus je ne me mettrai au premier plan...). Mais « jamais plus » est une position peu réaliste. Elle devient un jour ou l'autre impraticable. La personne fait alors une entorse à sa décision, mais, mal préparée, tombe ou croit tomber dans ce que toute sa vie elle voulait fuir.

« Une fois de plus, se dit-elle, le bien-fondé de ma position initiale est confirmé. Jamais plus je ne m'y laisserai prendre. » « Jamais plus » mène ainsi à « une fois de plus » qui ramène à « jamais plus ». Et ce sont les péripéties de cette dynamique qui remplissent ce qu'on appelle le plan de vie d'une personne.

> *Le plan de vie repose sur l'alternance entre des périodes de vie très différentes : les unes placées sous l'influence des interdictions de base constituent le scénario d'échec de la personne. Les autres placées sous l'influence des prescriptions parentales, constituent le contre-scénario apparemment positif.*

Différentes classifications de plans de vie personnels et professionnels

Il existe plusieurs classifications de plans de vie personnels :

- Celle de **Claude Steiner**, avec : « sans amour », « sans esprit » et « sans joie ». Pour celui-ci, « la destruction systématique des trois plus importants potentiels humains fait partie de l'apprentissage de la vie : le potentiel affectif, c'est-à-dire la capacité de donner et de recevoir l'amour humain ; le potentiel perceptif, c'est-à-dire la capacité d'appréhender le monde et ses habitants ; et le potentiel de spontanéité, qui correspond à la capacité de s'exprimer librement et gaiement de l'Enfant Naturel ». (*op. cit.*, p. 126)
- **Bill Holloway** propose d'y ajouter le scénario « sans repos ». C'est celui de l'activité insatiable, qu'il s'agisse d'un homme d'affaires débordé ou d'une mère de famille surchargée.

- **Berne** indique une autre classification : « jamais », « toujours », « jusqu'à », « après », « sans cesse », « encore » (ou « presque »), « sans conclusion » :
  - **Jamais** respecte les interdictions parentales, fût-ce au prix de l'échec, de la tentation ou de la frustration : « Tu ne réussiras jamais », « Tu ne seras jamais heureuse » (TANTALE)...
  - **Toujours** résulte d'une condamnation parentale : « Tu seras toujours un bon à rien, un garçon manqué, un timide »... Il correspond à l'acceptation par la personne des stimulations inconditionnelles (attributions) qu'on lui a données (ARACHNÉ).
  - **Jusqu'à (ou avant)** suit des interdictions ou des attributions qui doivent être respectées jusqu'à un certain moment : « Tu ne seras pas vraiment une femme avant d'avoir eu des enfants », « Tu ne pourras pas être satisfait de toi avant d'avoir créé ta propre affaire » (HERCULE-JASON)...
  - **Après** tombe sous le coup d'interdictions qui ne se réalisent qu'à partir d'une certaine date : « Après 40 ans la vie est une peau de chagrin qui se rétrécit chaque jour », « Après 50 ans il ne faut plus prendre de risques professionnels » (DAMOCLÈS)...
  - **Presque (ou encore et encore) :** Tel Sisyphe qui presque parvenu au sommet voyait le rochet dévaler la pente et devait alors tout reprendre à zéro, la personne qui suit un scénario "presque" fait de gros efforts sans arriver à son but dans sa carrière, son couple, ses relations amicales...
  - **Trop court (ou sans fin prévue) :** c'est le scénario auquel obéissent la plupart des retraités, des femmes traditionnelles qui ont élevé leurs enfants, et des hommes politiques dont la carrière a été détruite par une crise ou par un scandale et qui n'ont plus devant eux qu'une vie vide et sans but. L'ex-président Nixon faisait allusion à l'horreur de cette situation dans la dernière des émissions télévisées avec David Frost consacrée à ses mémoires.

    Ceux qui l'ont vue se souviendront sans doute du ton avec lequel il disait : « Je n'occuperai jamais plus de fonction officielle... Le plus grand malheur est de vivre une vie sans but... Pour moi, les plus malheureux ce ne sont pas les pauvres, ils ont un objectif : acquérir ce qui leur manque. Ce sont ces gens que l'on voit sur les plages de Californie, qui passent leur journée à ne rien faire, jouent au golf par désœuvrement, etc. » (*Le Monde*, 27 septembre 1977) (PHILEMON et BAUCIS).

Enfin, on retrouve au niveau des scénarios la notion de degré d'intensité que l'on avait évoquée à propos des jeux. Cette idée peut être exprimée sous la forme du schéma suivant :

Un scénario peut être :

	Banal	Exceptionnel
Gagnant :		
Perdant :		

Les notions utilisées au niveau du plan de vie personnel s'appliquent également, moyennant quelques aménagements, à d'autres niveaux de réalité, tels que le scénario professionnel et le scénario d'une famille ou d'un parti politique.

> *À chacun de ces niveaux, elles rendent possible un travail de transformation basé sur des redécisions précises ou porteuses d'avenir.*

Exemple de plan de vie personnel

En matière de développement personnel, le travail d'analyse de scénario et de redécision fait appel à des techniques demandant plus d'implications que celles qui sont normalement utilisées en entreprise. On y fait appel en effet, non seulement à des questionnaires et à des jeux de rôles, mais à des rêves éveillés, des psychodrames, des exercices physiques.

L'exemple suivant, celui de Marie-Anne, 28 ans, célibataire, est celui d'un scénario « banal ». Il montre qu'un travail de redécision positif peut être fait également dans le cas d'une personne qui « apparemment » n'a pas de problème.

Cette matrice assez schématique a été établie après plusieurs exercices conjugués avec des questionnaires précis dont nous ne donnerons pas le détail ici. Le cas est réel et a été étudié de la façon suivante :

- Les seules figures parentales prises en compte sont le père et la mère ;
- Il s'agissait de voir à partir de scènes revécues, quelles étaient :
  - les principales influences (interdictions et prescriptions),
  - les principales décisions.

Les termes employés ici résultent de plusieurs reformulations successives entre l'animateur et Marie-Anne :

- Nous avons graphiquement séparé les décisions positives, à garder, des décisions négatives, à décider ;
- Nous avons indiqué ensuite les redécisions prises par la jeune fille, dans ses propres termes, avec l'aide du groupe.

Matrice du scénario

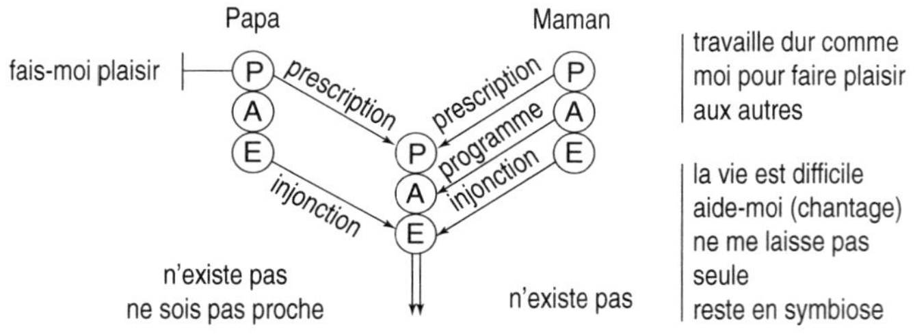

Décisions positives :

Je me défoncerai.

Je ferai ce que je veux.

Je prouverai que je peux faire quelque chose.

Je vivrai vieille et j'aurai une vie intéressante.

Je serai une amie fidèle et j'aurai des enfants.

Je donnerai aux autres une aide généreuse et gratuite.

Je vivrai jusqu'à 80 ans.

Décisions négatives :

Je vais me faire avoir pour faire plaisir aux autres.

Je me cacherai.

Je n'exprimerai pas mes sentiments.

Je ne serai pas comprise, ni reconnue.

Je serai seule, triste.

J'épouserai un mari que je n'aimerai pas, qui ne m'aimera pas, et que j'enterrerai.

La vie sera dure.

Je n'aurai pas les moyens – je ne m'en sortirai pas.

Je jouirai de ma lutte inutile, inefficace, de mon combat raté.

Je ne serai heureuse que fugitivement.

Redécisions (prises à la suite de l'analyse du scénario) :

Je me donne le droit de me faire plaisir, d'avoir du plaisir et de ne pas être parfaite (de ne pas toujours faire plaisir aux autres).

Je réussirai ma vie de couple et de façon durable.

Exemple de plan de vie professionnel

Sur le plan professionnel comme sur le plan personnel, on peut distinguer différents types de scénarios d'échec. À la classification de Steiner pourraient correspondre les catégories de scénarios professionnels suivantes : « sans intérêt », « sans pouvoir », « sans argent », « sans gloire ».

Quand aux autres classifications de scénarios de Berne, elles sont directement transportables sur le plan professionnel.

Par exemple : La matrice suivante de M. Jacques schématise quelques influences et décisions professionnelles.

Cet exemple illustre aussi l'interférence entre sa vie personnelle et sa vie dans l'organisation qu'il aura choisie et par laquelle il aura été choisi.

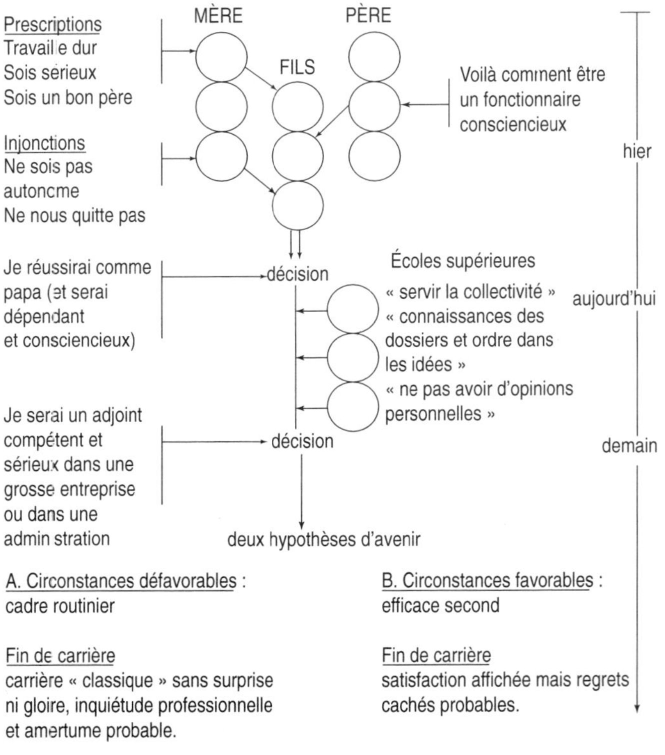

Selon le schéma précédent, à partir d'aujourd'hui la personne peut :

- Soit, ignorant son « plan de vie » ou ne voulant pas le remettre en question, satisfaite d'elle-même et de son sort, *rester « dans » son plan de vie*, vivant pour le restant de ses jours dans le confort (satisfaisant ou non) des limites du plan de vie, c'est-à-dire de l'ensemble des influences et décisions primales. Quelles que soient les circonstances extérieures, l'individu, sauf cas de force majeure peu probable, réalisera son plan de vie et obtiendra ses bénéfices existentiels finaux (échec, réussite, banalité, etc.). Dans le cas ci-dessus le bénéfice existentiel final négatif est le même dans les deux hypothèses : amertume et regrets cachés, en tous les cas au niveau professionnel ;

- Soit *redécider son plan de vie*. Pour cela, la personne :
  - ne peut pas changer ses influences, mais elle peut les « analyser », ce faisant ne plus en être esclave, mais au moins en devenir consciente avant de se reprogrammer (reparentage, etc.),
  - analyser ses décisions primales, garder celles qui sont positives et redécider celles qui sont négatives.

Ceci implique qu'elle renonce à une certaine « sécurité existentielle » et prenne des risques. Une telle mise en marche est le résultat d'expériences trop douloureuses et/ou d'une lucidité que donne tout particulièrement l'AT, car elle permet à chacun :

- de savoir quoi transformer dans sa vie ;
- de savoir comment le transformer ;
- de croire à la possibilité de cette transformation.

Scénario et transformation

> *Toutes les personnes (physiques ou morales) risquent de se trouver prisonnières d'un scénario, c'est-à-dire d'un plan de vie reposant sur des décisions prématurées prises sous l'influence d'un environnement passé.*

L'analyse transactionnelle permet de repérer l'existence de scénarios aux différents niveaux suivants :

> *L'analyse transactionnelle ne permet de changer ni les influences ni les décisions vécues ailleurs et autrefois. Par contre, elle permet de les analyser et de repérer comment « ici et maintenant » nous nous enfermons dans un programme défini par le passé.*

À partir de cette prise de conscience, l'analyse transactionnelle permet à la personne (physique ou morale) de s'ouvrir à la situation présente, de décider son plan de vie et de s'acheminer vers une véritable autonomie.

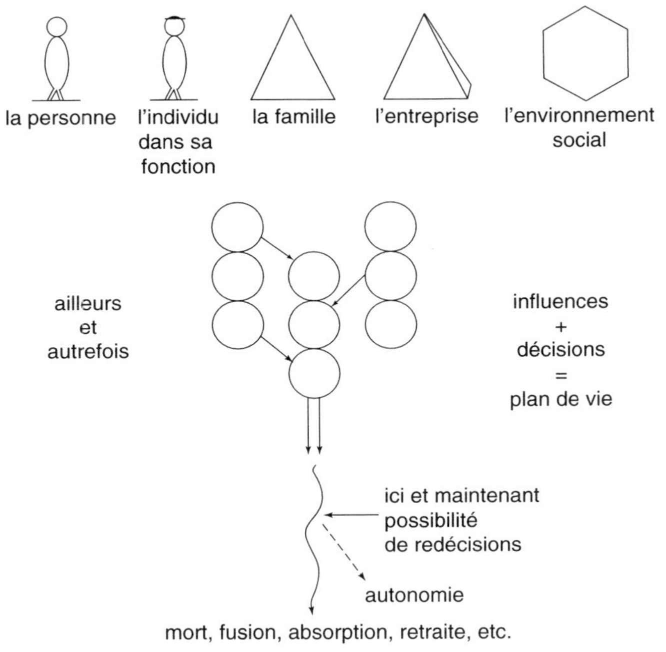

1. Exemple de repositionnement de vie

Une personne qui déménage d'un petit village vers une grande ville verra sa vie personnelle et professionnelle fortement confrontée à ces changements. L'analyse transactionnelle lui permettra de redéfinir ses choix personnels, professionnels et organisationnels d'une façon intégrée.

2. Exemple de repositionnement de valeurs

Un choix de qualité de vie qui consisterait à privilégier le temps de loisirs et d'apprentissage dans des domaines culturels plutôt que de développer une carrière trop prenante peut aider à remettre en question de nombreuses définitions « primales » de ce qu'est la « réussite ».

3. Exemple du repositionnement des valeurs lors d'une union

Un mariage entre deux personnes issues de cultures très différentes amènera des confrontations entre les PAE de chacune et une sérieuse remise en question de leurs scénarios individuels au profit d'un nouveau PAE et de nouvelles décisions.

En conclusion

> *Ce que permet l'analyse transactionnelle, c'est de décider et de redécider en ayant les moyens d'appréhender et d'intégrer l'ensemble des éléments influents du passé et des motivations et aspirations concernant l'avenir.*

Pour résumer

La notion de scénario intègre tous les autres concepts d'analyse transactionnelle et permet à chacun de mieux comprendre les multiples facteurs historiques et personnels qui ont permis l'élaboration de son « plan de vie ». Une bonne compréhension de ces influences du passé et des choix personnels peut faciliter la prise de nouvelles décisions plus épanouissantes.

Chapitre II

Les comportements qui nous emprisonnent : les miniscénarios

La notion de scénario décrit une structure de comportements d'échec ou de réussite dont on peut observer le déroulement sur toute la vie d'une personne, physique ou morale.

La notion de jeu décrit une structure de comportements d'échec dont on peut observer l'enchaînement entre plusieurs personnes et sur une durée allant de quelques minutes à quelques années.

> *Des structures analogues peuvent être repérées sur des durées très courtes (quelques secondes à quelques minutes), principalement dans la relation d'une personne avec elle-même : on les appelle alors miniscénarios.*

Les miniscénarios d'un individu sont intimement liés à son scénario, d'une part, et à ses jeux et ses positions de vie d'autre part.

L'étude et l'utilisation du miniscénario, en tant qu'outil de changement peuvent être centrées, telle l'Analyse Fonctionnelle, sur des comportements observables. Les gestes, le ton de la voix, les mots choisis pour s'exprimer, la posture corporelle, les expressions du visage sont autant de détails qui reflètent la réalité émotionnelle de la personne qui s'exprime. Les cinq miniscénarios proposés par Taibi Kahler sont cinq séquences différentes, observables chez soi-même et chez autrui, qui sont, au départ, des comportements « non-OK » décrits par les positions de vie (+ –, – +, ou – –).

Ces cinq miniscénarios sont appelés par les noms des cinq messages contraignants qui sont à leur origine et qui illustrent bien les comportements compulsifs qu'ils entraînent :

- Sois parfait ;
- Fais un effort ;
- Fais-moi plaisir ;
- Dépêche-toi ;
- Sois fort (ne manifeste pas tes émotions).

> *Il s'agit là de directives parentales, enregistrées dans le Parent d'un individu dès son enfance, et qui influencent à tout moment, de façon subtile mais observable, son comportement.*

Nous vous proposons, ci-dessous, les attitudes et comportements caractéristiques de ces cinq miniscénarios.

Description des miniscénarios

1. Sois parfait

Le visage sérieux ou même sévère, physiquement tendu, tête haute et regard hautain. Posture droite et rigide, habillement classique et sans défaut.

Cette personne a tendance à pontifier son discours en énumérant des différents points, en s'arrêtant, mettant des parenthèses et des insertions qualifiantes en cours de phrase, pour ensuite la finir. Avec ce comportement, il nourrit l'illusion qu'il fonctionne avec son Adulte et croit protéger son Enfant vis-à-vis des erreurs que les autres pourraient trouver.

2. Fais-moi plaisir

Les gestes d'accueil ou d'ouverture, posture courbée, sourcils élevés pleins d'attention, comportement de séduction, le visage penché avec les yeux regardant de côté ou la tête baissée, les yeux regardant vers le haut. Les mains sont souvent l'une dans l'autre ou se frottent l'une à l'autre.

Dans ses communications, cette personne aura tendance à commencer des phrases pour les finir en question, tout en cherchant accord et approbation de la part de son interlocuteur.

Souvent, elle posera des questions manipulatrices, ou dirigées, cherchant à obtenir des compliments. Elle écoute en faisant « oui » de la tête pendant tout le discours de son interlocuteur, lui faisant voir son approbation constante et inconditionnelle. Les personnes sous l'influence de ce message contraignant sont souvent perçues comme étant inauthentiques.

Ses expressions courantes sont : presque, un peu (pour éviter de dire non), d'accord ? tu peux ? tu veux ? vraiment… vous savez, n'est-ce pas ? non ? (en fin de phrase en recherche d'approbation), ne pensez-vous pas que ? Sa voix sera souvent haute ou fluette, demandant de l'attention et quelquefois « gnangnan ».

3. Fais un effort

> *L'origine de ce miniscénario peut être ce que l'on appelle un episcénario ; les ambitions non atteintes d'un des parents de la famille sont passées au fils ou à la fille qui doit réussir à leur place.*

Des gestes d'écoute attentive, penchée en avant, respiration retenue, assise et les coudes sur les genoux, les poings fermés, le pouce dedans, les épaules rigides, le visage penché vers l'interlocuteur, plus tendu que nécessaire, le regard concentré, ayant peur de ne pas comprendre, l'expression concentrée et attentive (*Le Penseur* de Rodin).

Cette personne pose plusieurs questions à la suite, sans attendre les réponses, ou reposera une question à laquelle on a déjà répondu, ou ne finira pas sa question.

De même, elle ne répondra pas aux questions. Souvent, elle s'arrêtera en cours de phrase pour la recommencer ou aura quelques bégaiements ; ou, encore, ponctuera son discours de nombreuses pauses : « euh…, euh…, euh… ».

Ses expressions courantes sont : j'essaie, je fais de mon mieux, c'est pas facile, c'est difficile, j'aimerais, c'est un problème, je ne sais pas, je ne peux pas, n'y arrive pas, c'est dur, etc.

Sa voix, comme son attitude générale, sera souvent plaintive et impatiente.

4. Dépêche-toi

Les gestes d'agitation, proches de la suradaptation (voir passivités, chapitre 3) : arpente les pièces de long en large, bouge rapidement, se presse, tape du pied ou des doigts, ne tient pas en place, activités fébriles continues (allume une cigarette puis l'éteint, etc.). Les sourcils froncés, les yeux actifs, souvent fuyants, qui suivent tous les mouvements.

Cette personne aura tendance à l'impatience, au regard et à la précipitation. Elle coupe souvent les phrases des autres pour les terminer, pense avoir compris avant la fin d'une explication et tire des conclusions hâtives.

Ses expressions sont : allez, allez, il faut y aller, alors... on y va ? Alors, on commence ? D'accord, d'accord, vite, il faut se dépêcher, grouillons-nous, etc.

Sa voix est rapide, son inflexion monte et descend continuellement et son ton manifeste son impatience.

5. Sois fort

Les gestes de fermeture : les bras croisés, les bras autour des genoux, les jambes croisées ou en nœud, le corps et les mains rigides ou les mains s'agrippant au fauteuil, à un meuble ou à un objet.

Les expressions vivantes sont rares chez cette personne qui semble avoir un visage froid et sans mouvement (un visage de marbre).

> *Cette personne parlera d'émotions plutôt que de les manifester. Elle n'exprimera que rarement la peur, la tristesse, la colère ou la joie.*

Ses expressions courantes sont : il m'est arrivé, je m'en moque, je n'ai pas de commentaires, je me suis senti..., il faut savoir encaisser, il faut tenir bon, il ne faut pas se laisser influencer, etc.

Sa voix est monotone, sans inflexions, dure, sans affection.

Ces cinq types de comportements induits par les messages contraignants, ou ces cinq miniscénarios sont en fait des extrêmes ou des caricatures. Il est plus réaliste de penser en termes de « tendance » sur tel ou tel miniscénario, en se rappelant qu'une personne est souvent marquée par au moins deux messages contraignants différents, sinon plus, qui se renforcent souvent l'un l'autre.

Il est important aussi de se rappeler que ces cinq messages contraignants peuvent avoir des conséquences utiles :

Message contraignant	**Côté positif**
Sois parfait	Bon organisateur
Sois fort	Tenace et résistant
Fais-moi plaisir	Flexible, adaptable
Fais effort	Persistant
Dépêche-toi	Efficace

Lors de l'apparition du miniscénario dans un contexte stressant (par exemple lors d'un contrôle de police), il sera souvent intéressant de faire le tri entre les comportements négatifs entraînés par les messages contraignants.

Aussi, dans un cadre personnel, il est difficile d'imaginer qu'une personne puisse entièrement se libérer de tous les messages contraignants qui sont à la base des miniscénarios (Taibi Kahler affirme que nous passons 90 % de notre temps sous l'emprise de nos messages contraignants).

Le travail de changement consiste plutôt à augmenter leur aspect positif tout en les laissant moins nous influencer par leurs éléments négatifs.

Le cycle du miniscénario

La première partie de ce chapitre concernait l'utilisation du concept du miniscénario dans une approche fonctionnelle, c'est-à-dire liée au comportement observable.

Mais les messages contraignants et le comportement qu'ils induisent ne constituent en fait qu'une première partie du cycle du miniscénario qui a plusieurs étapes, schématisées de la façon suivante :

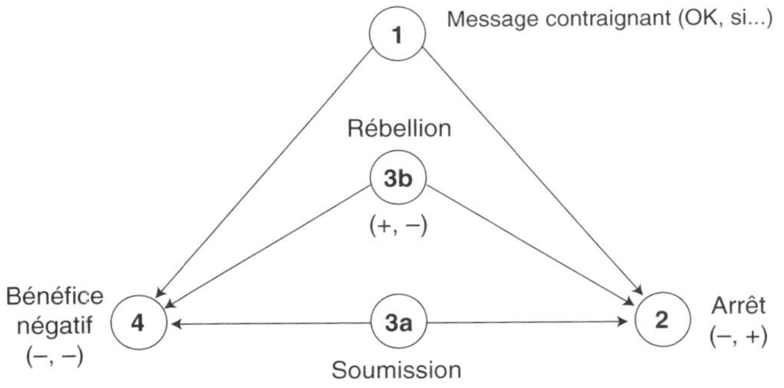

Pour illustrer ces quatre étapes, nous vous proposons l'exemple suivant d'un dialogue intérieur constituant le miniscénario d'une personne face à une tâche qu'elle juge difficile :

1. Message contraignant :	« Sois parfait ! »
2. Arrêt :	« ... Mais tu n'y arriveras pas ! »
3. a. Soumission :	« Je vais essayer, mais j'ai peur de ne pas y arriver. »
ou	
b. Revanche ou rébellion :	« Eh bien je vais faire le contraire et allez au diable. »
4. Échec et bénéfice négatif :	« J'en étais sûr, c'est toujours comme ça. »

La personne tire d'une telle séquence les mêmes bénéfices qu'elle tire d'un jeu, en plus petit et en moins intense, mais aussi en moins de temps.

> *En revanche, une personne sous l'emprise des messages contraignants d'un miniscénario vit et revit une partie ou la totalité de ce cycle à chaque instant de sa vie.*

Ces quatre étapes du miniscénario gagnent à être rapprochées avec quelques autres concepts de l'analyse transactionnelle :

1. Les messages contraignants reflètent une position de vie positive, mais conditionnelle : « Je serais OK si... (je suis parfait, fort, etc.). »

2. Les arrêts de la deuxième étape reflètent la position de vie –, +.

   Quelques rackets courants à cette étape sont ceux de culpabilité, tristesse, confusion et inquiétude. Implicitement, cette étape contient aussi des sentiments de dévalorisation et de survalorisation. Des jeux analogues à cette étape sont : « donne-moi un coup de pied » et « stupide ».

3. Cette étape reflète la position de vie +, – et les états du moi Enfant Adapté Rebelle ou Parent critique (leurs côtés négatifs).

   Les rackets courants sont ceux de colère, d'hostilité et de sentiment de triomphe. Les jeux analogues à cette étape, en terme de bénéfice négatif, sont : « je te tiens, salaud », « les défauts », « regarde ce que tu m'as fait faire ».

4. Cette étape correspond à la position de vie –, – avec des rackets de dépression, de désespoir, d'inutilité, ou de sentiment d'être abandonné.

Éléments pour sortir du miniscénario

- **1.** Repérer l'enchaînement des quatre phases (1, 2, 3 a ou 3 b, 4) et repérer l'étape dans laquelle on se retrouve.
- **2.** Lorsqu'on est conscient d'être dans un miniscénario, remettre l'Adulte au contrôle (par exemple, lorsqu'on est dans un jeu).
- **3.** Prendre conscience des directives (ou messages contraignants) auxquelles on se soumet et auxquelles correspondent cinq permissions qu'il est bon de se donner.
- **4.** Accepter le fait de rentrer dans des comportements « liés » aux messages contraignants :

Directives	**Permission - Tu as le droit de :**
– Sois parfait ;	– Faire des erreurs ;
– Sois fort ;	– Avoir des émotions, des sensations ;
– Dépêche-toi ;	– Prendre ton temps ;
– Fais-moi plaisir ;	– Vivre selon tes valeurs (et non celles des autres) ;
– Tâche de mieux faire.	– Atteindre tes propres buts et aussi de te limiter.

▸ **5.** Développer les aspects positifs des miniscénarios qui nous influencent, en devenant plus :

- Organisé ;
- Résistant ;
- Flexible ;
- Persistant ;
- Efficace.

Pour résumer

Une bonne connaissance des « messages contraignants » constitutifs de nos comportements de miniscénario peut nous permettre de limiter nos réactions simplistes et souvent négatives en situation de stress, comme de mieux situer les points forts à la base de nos stratégies plus résolutoires.

Chapitre 12

Comment fait-on de l'analyse transactionnelle : le contrat

L'efficacité d'une action de transformation personnelle dépend directement de l'aptitude de la personne (physique ou morale) qui est l'objet de cette transformation à :

- Faire clairement le bilan de sa situation actuelle (quel est le problème ?) ;
- Définir avec précision son ou ses objectifs concrets et vérifiables de transformation ;
- Définir et mettre en œuvre les moyens humains et matériels nécessaires ;
- Se donner pour les mettre en œuvre un ou des délais de réalisation, chacun de ces délais étant sanctionné par une phrase bilan.

Il peut y avoir alors une redéfinition des objectifs, etc.

> *Ce processus de clarification en vue d'un changement se fait, en analyse transactionnelle dans le cadre d'un contrat.*

Une personne peut passer un contrat de changement précis et efficace avec elle-même, restant le seul témoin de sa réussite ou de son échec.

> *Cependant, en thérapie, comme en conseil personnel ou en coaching individuel, l'action de changement est souvent enclenchée avec un agent extérieur jouant le rôle de clarificateur ou de facilitation, et ayant un rôle de « miroir » qui permet une plus juste évaluation du changement réel.*

Pour être efficace, le contrat de transformation doit réunir certaines caractéristiques :

1. Réunir toutes les personnes disposant de compétences institutionnelles, techniques et humaines nécessaires pour mener à bien le contrat, et celles-là seulement (accord au niveau de l'adulte) ;
2. Définir entre ces personnes les termes d'un échange effectif, c'est-à-dire équilibré, mesurable et motivant (accord au niveau de l'Enfant) ;

3. Porter sur des objectifs et mettre en œuvre des moyens qui soient acceptables par chacune des parties, tant sur le plan moral que sur le plan légal (accord au niveau du Parent).

> *Il est d'autre part souhaitable, afin que le contrat soit explicite et pour éviter les transactions cachées, de prendre en compte non seulement la volonté de transformation mais encore la volonté de non-transformation.*

Ceci peut amener l'agent de transformation à poser en parallèle deux séries de questions tendant à éclairer ces deux volontés.

Par exemple :

- Que voulez-vous changer ? Comment ? Pourquoi ?
- Quels sont les moyens qui vous paraissent nécessaires, que vous êtes prêt à mettre en œuvre ?
- Quels sont les indices qui vous permettront de mesurer la réalisation de votre objectif ?
- Qu'est-ce que vous ne voulez pas changer (décisions déjà prises...) ?
- Quels sont les moyens qui vous paraissent inutiles ou nuisibles et que vous n'êtes pas prêt à mettre en œuvre ?

Lorsqu'on dispose des réponses à ces deux séries de questions, des incohérences peuvent apparaître qui amènent souvent à redéfinir les objectifs et/ou les moyens de transformation.

Il devient aussi rapidement apparent que toute cette définition de contrat et d'objectifs est en fait le processus clarificateur, l'action de conseil.

> *Un contrat – comme un objectif opérationnel – n'est pas nécessairement à atteindre : il peut être dépassé, modifié, relativisé en raison des circonstances.*

La raison d'être du contrat est multiple :

1. Sa simple formulation permet d'avancer dans la résolution de problème ; « un problème bien posé est déjà en partie résolu » ;

2. Le contrat permet d'établir entre les contractants des relations « claires » et de mieux contrôler symbioses, contresymbioses, timbres, jeux, transactions cachées, etc. ;
3. Enfin, un contrat est « mobilisateur » d'énergie. Il a le mérite d'être un moyen puissant de motivation, un outil solide entre les mains de l'Adulte qui se veut au contrôle contre un Parent qui serait, par exemple, perfectionniste, ou contre un Enfant Saboteur.

La procédure du contrat de changement peut être utilement appliquée au niveau des individus (transformation personnelle et/ou professionnelle) et au niveau de systèmes collectifs, familiaux et associatifs.

De tels contrats supposent nécessairement la définition d'objectifs de transformation qui soient observables non seulement par la personne elle-même, mais aussi par autrui (l'entourage familial, l'animateur, l'environnement professionnel).

- Au niveau des individus, le contrat est plus facilement établi compte tenu qu'il n'intéresse que deux personnes : l'agent de transformation et le sujet.
- Au niveau collectif, par contre, cette simplicité disparaît souvent et une plus grande vigilance est nécessaire pour clarifier les différents points du contrat entre le conseil et ses interlocuteurs qui ont souvent des visions différentes les uns des autres.

Dans ce domaine, loin d'être un outil inapplicable, la notion de contrat devient presque indispensable pour une action de changement efficace.

Dans le domaine de la thérapie individuelle comme familiale ou collective, *cette notion de contrat est très originale.*

> *Le contrat permet d'établir une relation de responsabilité partagée, mais en rendant essentiellement le sujet responsable de son changement, et permet un rapport agent-sujet dans lequel l'Adulte de chacun a les moyens d'être au contrôle. L'établissement de contrats clairs est déjà une étape importante.*

Pour résumer

La pratique du contrat est centrale dans la fixation et réalisation d'objectifs de transformation personnels comme collectifs.
Cette notion très opérationnelle transforme les autres outils d'AT en de véritables leviers de changement.

Conclusion

L'analyse transactionnelle est un ensemble théorique complet. La notion de comportement individuel, illustré par les états du moi, se développe dans les relations à deux à travers le concept de transaction et de symbiose ; elle se retrouve encore lorsqu'on aborde des ensembles de transactions plus complexes, tels les jeux de manipulation, ou encore lorsque, avec la notion de scénario, on examine de près les facteurs qui influencent toute une vie.

D'autres notions s'organisent autour de cette trame pour illustrer nos attitudes face à l'autre avec le concept de position de vie ou, pour modéliser notre soif de stimulation, avec celui de signes de reconnaissance et de structuration du temps.

C'est cet ensemble qui fait que l'AT est un outil efficace qui a très largement subit l'épreuve du temps. Son ancrage dans notre société, dans tous les domaines qui touchent de près ou de loin à la communication, en fait un « outil » à la fois actuel et incontournable.

Dès son introduction en France, l'AT a occupé une place importante dans des domaines de la communication, de la connaissance de soi, de la formation, du développement personnel et de la thérapie. Aujourd'hui, l'accueil généralisé de l'AT confirme qu'elle ne concerne non plus que seulement les professionnels, mais tout un chacun.

D'une façon ou d'une autre, simplement et progressivement, sans même que l'on s'en rende compte, les concepts d'AT se sont peu à peu imposés pour nous aider à mieux comprendre nos attitudes et comportements dans tous les domaines de la vie quotidienne.

Il devient évident que l'AT n'est pas seulement un « outil », mais une véritable panoplie d'instruments complémentaires qui ensemble deviennent extrêmement puissants.

Plus que de proposer à chacun de regarder la vie à travers une nouvelle paire de lunettes, l'AT nous offre plusieurs regards différents à travers les nombreuses facettes complémentaires d'un nouveau prisme.

Profitons alors de sa véritable vocation de transformation personnelle et professionnelle.

Annexes

Annexe I - Le jeu de l'égogramme

Ce jeu vous permettra de réfléchir sur la structure de votre personnalité en termes d'états du moi fonctionnels.

Nous ne pensons pas qu'il s'agisse d'un test, bien qu'il en ait la forme, mais plutôt d'un exercice de sensibilisation et de réflexion.

Celle-ci sera d'autant plus riche que vous vous y investirez complètement et que vous vous servirez de cette occasion pour multiplier les points de vue sur vous-même. Par exemple, vous pouvez répondre vous-même aux questions et demander à un ami, un collègue ou à votre conjoint d'y répondre de son côté en pensant à vous : vous pourrez ensuite confronter l'image que vous vous faites de vous-même et celle que cette personne se fait de vous.

Enfin, ce jeu vous permettra de vérifier votre connaissance des notions de Parent Critique, Parent Nourricier, Adulte, Enfant... et d'approfondir votre réflexion sur ces notions.

- **A.** Répondez tout d'abord aux questions suivantes sans y passer trop de temps.

Questions	Réponses					
	Jamais	Quelquefois	Souvent	Toujours	Score	X
1. Vos opinions vous paraissent-elles plus vraies (solides) que celles des autres ?						
2. Prenez-vous du temps pour rechercher les informations avant de prendre une décision ?						
3. Aimez-vous que les autres aient besoin de vous ?						
4. Dans une discussion, imposez-vous vos opinions aux autres ?						
5. Déterminez-vous au préalable les résultats de vos actions ?						
6. Agissez-vous suivant vos impulsions ?						
7. Dans des discussions, jouez-vous à l'avocat du diable ?						
8. Trouvez-vous que les choses allaient mieux autrefois ?						
9. Trouvez-vous dans vos rêves des éléments de réponse aux questions que vous vous posez ?						
10. Vous sentez-vous maladroit ?						
11. Vos vêtements sont-ils confortables ?						
12. L'inconnu vous attire-t-il ?						
13. Vous arrive-t-il d'en avoir ras-le-bol ?						
14. Attendez-vous d'avoir l'avis des autres avant d'entreprendre une action ?						
15. Êtes-vous protecteur avec les autres ?						
16. Vous arrive-t-il de vous sentir paumé ?						

17. Croyez-vous que vous pouvez faire arriver une chose en la désirant très fort ?						
18. Exprimez-vous votre colère ?						
19. Avez-vous le sens de l'organisation ?						
20. Proposez-vous votre aide sans qu'on vous la demande ?						
21. Prenez-vous les choses sérieuses à la rigolade ?						
22. Êtes-vous critique envers les autres ?						
23. En situation nouvelle, vous emballez-vous ?						
24. Acceptez-vous d'écouter les opinions des autres ?						
25. Avez-vous le sentiment de vous sacrifier pour votre famille ou pour vos amis ?						
26. Attendez-vous que l'on vous demande votre avis avant de vous exprimer ?						
27. Aimez-vous faire des blagues ?						
28. Pouvez-vous dire que vous n'aimez pas être commandé ?						
29. Croyez-vous qu'il faut peiner pour réussir dans la vie ?						
30. Trouvez-vous du plaisir à jouer avec des enfants ?						
31. Aidez-vous les inconnus en difficulté ?						
32. Prenez-vous des mesures de sécurité dans des situations risquées ?						
33. Lorsqu'on vous demande un travail supplémentaire, dites-vous d'abord non, puis réfléchissez-vous ?						
34. Vous sentez-vous mal dans votre peau ?						

Questions	Réponses					
	Jamais	Quelquefois	Souvent	Toujours	Score	X
35. Êtes-vous créatif ?						
36. Êtes-vous intéressé par la résolution des problèmes ?						
37. Remettez-vous au lendemain ce que vous pouvez faire le jour même ?						
38. Aimez-vous faire le bonheur des gens malgré eux ?						
39. Pensez-vous avoir un bon jugement sur autrui ?						
40. Vous adaptez-vous aux situations nouvelles ou étranges ?						
41. Aimez-vous semer la merde pour bousculer les routiniers ?						
42. Agissez-vous selon vos intuitions ?						
43. L'indifférence des autres à votre égard vous pèse-t-elle ?						
44. Remettez-vous en cause les idées reçues ?						
45. Les enfants bruyants vous dérangent-ils ?						
46. Prenez-vous les problèmes des autres en considération, même si vous n'êtes pas directement concerné ?						
47. Pensez-vous que le système est pourri et qu'il faudrait tout changer ?						
48. Aimez-vous travailler avec vos mains ?						
49. Dans votre travail, recherchez-vous un épanouissement personnel ?						
50. Continuez-vous à discuter même si vous êtes d'accord ?						

51. Tutoyez-vous les autres facilement ?						
52. Lorsqu'ils sont en situation difficile, essayez-vous de réconforter les autres ?						
53. Trouvez-vous le comportement des autres ridicule ?						
54. Vous fixez-vous des objectifs à long terme ?						
55. Avez-vous tendance à vous mettre du côté du plus faible ?						
56. Y a-t-il une partie de vous qui croit au surnaturel ?						
57. Aimez-vous vous occuper d'enfants ?						
58. Ajustez-vous vos objectifs à vos possibilités ?						
59. Considérez-vous vos principes moraux comme solides ?						
60. Dans des circonstances nouvelles ou délicates, vous arrive-t-il d'avoir le trac ?						
61. Imaginez-vous ou visualisez-vous les situations ou les lieux à venir ?						
62. Devinez-vous ce que pensent les autres ?						
63. Pouvez-vous dire que vous ne supportez pas les gens sûrs d'eux-mêmes ?						
64. Hésitez-vous longuement avant de prendre une décision ?						
65. Êtes-vous sensuel ?						
66. Rangez-vous les objets que d'autres ont laissé traîner ?						
67. Envisagez-vous plusieurs solutions différentes en résolution de problème ?						
68. Vous sentez-vous bien dans votre corps ?						
69. Portez-vous sur les autres un jugement rapide ?						
70. Avez-vous des difficultés à dire non ?						

- **B.** Sans prêter attention à vos premières réponses, relisez chaque question et essayez de déterminer l’état du moi auquel elle fait référence : le Parent Critique, le Parent Nourricier, l’Adulte, l’Enfant Adapté, l’Enfant Créateur ou l’Enfant Spontané.

Inscrivez vos réponses dans la sixième colonne (X).

- **C.** Traduisez vos réponses en scores numériques :

  Jamais : 0

  Quelquefois : 1

  Souvent : 2

  Toujours : 3

- **D.** Dans le tableau ci-dessous, inscrivez votre score face à chaque numéro de question, puis faites le total pour chaque état du moi.

	PARENT CRITIQUE		**PARENT NOURRICIER**		**ADULTE**		**ENFANT ADAPTÉ SOUMIS**		**ENFANT ADAPTÉ REBELLE**		**ENFANT CRÉATEUR**		**ENFANT SPONTANÉ**	
	Quest	Score	Quest	Score	Quest	Score	Quest	Score	Quest	Score	Quest	Score	Quest	Score
	1		3		2		10		7		9		6	
	4		15		5		14		13		12		11	
	8		20		19		16		21		17		18	
	22		25		24		26		28		27		23	
	29		31		32		34		33		35		30	
	39		38		36		37		41		40		48	
	45		46		44		43		47		42		49	
	53		52		54		60		50		56		51	
	59		57		58		64		55		61		65	
	69		66		67		70		63		62		68	
TOTAUX														

- **E.** Faites figurer les résultats que vous avez trouvés sur le tableau ci-dessous :

30							
20							
10							
	PARENT CRITIQUE	PARENT NOURRICIER	ADULTE	ENFANT ADAPTÉ SOUMIS	ENFANT ADAPTÉ REBELLE	ENFANT CRÉATEUR	ENFANT SPONTANÉ

- **F.** Comparez vos réponses de la colonne X à la classification des questions par état du moi, dans le tableau précédent (D).

Lorsque le tableau est en désaccord avec votre propre réponse, cherchez à comprendre celle-ci et, en vous référant aux définitions des états du moi fonctionnels données dans cet ouvrage, approfondissez votre réflexion sur ces questions.

Annexe II - Questionnaire de déblocage de situation

Nous connaissons les questionnaires classiques de résolution de problèmes.

Fort utiles, ils abordent la question au niveau rationnel et savent débusquer, chaque fois que nécessaire, les difficultés rencontrées au niveau technique.

L'analyse transactionnelle permet de tenir une démarche complémentaire : la plupart des problèmes techniques entre une dimension de blocage humain. Dépasser ce blocage ne permet pas toujours de résoudre le problème technique, mais, du moins, de l'aborder en ayant pris la mesure des ressources humaines disponibles et en les ayant mobilisées. Telle est la raison d'être de ce questionnaire : il met à la disposition d'une personne se trouvant dans une situation de blocage une grande partie des outils exposés dans ce livre.

On apprendra, avec l'expérience, à débloquer la situation sans nécessairement passer en revue la totalité des outils, mais en utilisant uniquement ceux qui paraîtront les plus immédiatement efficaces.

1. Définition de la situation bloquée

- Quelle est la situation ?
  - Est-ce que je suis chargé de la débloquer, est-ce ma responsabilité ? (Parent) ;
  - Est-ce que j'ai les moyens (techniques, financiers, humains et les informations) nécessaires pour la débloquer ? (Adulte) ;
  - Est-ce que j'ai envie de la débloquer ? (Enfant).

Si vous répondez non à l'une des trois dernières questions, prenez la décision :

- soit de ne pas débloquer la situation,
- soit de résoudre le blocage de l'état du moi qui dit non ; passez alors en 2.

Si vous répondez oui aux trois questions, passez alors en 2.

2. Déblocage par la notion d'état du moi

- Dans quel état du moi suis-je ?
- Quel est l'état du moi au contrôle ? (Ce n'est probablement pas l'Adulte.)
- Que ferais-je si l'Adulte était au contrôle ?
- Serait-ce bien une solution avec l'Adulte au contrôle ?
- Comment ferais-je si je voulais saboter le déblocage de cette situation ? (Enfant Adapté Rebelle)
- Suis-je clair avec moi-même sur mes intentions ou mes risques de sabotage ?

3. Déblocage par la notion de transactions

- Quelles sont les transactions apparentes, de moi à l'autre, de l'autre à moi ?
- Qu'est-ce que je sais mais que je ne dis pas ?
  - Au niveau de la tâche ?
  - Au niveau de la relation ?
- Qu'est-ce qui se passerait si je le disais ?
- Qu'est-ce que l'autre sait mais ne dis pas ?
  - Au niveau de la tâche ?
  - Au niveau de la relation ?
- Qu'est-ce qui se passerait si nous en parlions ?
- Faut-il ou non croiser les transactions ?
- Faut-il ou non qu'il y ait rupture de la relation (momentanée, définitive) ?

4. Déblocage par la notion de symbiose

- Dans quel type de symbiose suis-je ? Avec qui ? (personne physique ou morale, réelle ou imaginaire)
- Quels sont mes états du moi exclus ? Que disent-ils ?
- Que ferais-je si j'étais autonome ?
- Serait-ce bien une solution autonome (et non pas une soumission ou une rébellion déguisée) ?

5. Déblocage par la notion de structuration du temps

- Suis-je dans un retrait, un rituel, un passe-temps, une activité, un jeu ou de l'intimité ?
- Que se passerait-il si je voulais en faire une activité orientée vers un but ?
- Que se passerait-il si je voulais en faire une expérience d'intimité ?
- Qu'est-ce que je décide ?

6. Déblocage par les notions de dévalorisation et survalorisation

- Quelle forme de dévalorisation et survalorisation suis-je en train de faire ?
  - Au niveau des personnes ?
  - Au niveau du problème ?
  - Au niveau de la solubilité du problème ?
  - Au niveau de ses solutions ?
- Que serait une formulation sans dévalorisation ni survalorisation ?

7. Déblocage par la notion de passivité

- Dans quelle forme de passivité suis-je tombé ?
  - Ne rien faire ou faire autre chose ?
  - Agitation ?
  - Incapacité ou violence ?
  - Suradaptation ?

- Que serait une solution véritablement active ?

Je vérifie que cette solution ne serait pas une forme de suradaptation.

8. Déblocage par la notion de stimulations

- Quelles sont les stimulations ?

	Conditionnelles	Inconditionnelles
Positives		
Négatives		

Que j'aurais envie de	donner	revoir
	accepter	refuser

- Quelles sont celles que j'ai envie de me donner ?

Je me donne la permission de...

9. Déblocage par la notion de position de vie

- Dans quelle position de vie suis-je ? + +, + –, – +, – – ?
- Que se passerait-il si j'acceptais de reconnaître mon échec (acceptation de la situation – – ou – +) ?
- Que signifierait passer d'un rapport de compétition à un rapport de coopération ?
- Que signifierait passer d'une attitude de perdant à une attitude de gagnant ?
- Que ferais-je si j'étais dans la position + + ?
- Serait-ce bien une solution + + ?

10. Déblocage par la notion de collection de timbres

- Quel type de timbres suis-je en train de collectionner ?
- Combien y en a-t-il dans mon album ?
- Quand vais-je liquider ma collection et en échange de quoi ?

- Est-ce vraiment dans mon intérêt ?
- Comment puis-je la liquider symboliquement ?
- Par petits morceaux ou tout d'un coup ?
- Qu'est-ce que je perdrais si j'y renonçais, tout simplement ?

11. Déblocage par la notion de racket

- Quelle est l'émotion que je m'interdis de ressentir, d'exprimer ?
- Par quelle émotion est-ce que je la remplace ?
- Qui est-ce que je manipule avec cette émotion et dans quel but ?
- Est-ce vraiment dans mon intérêt de continuer ce racket ?
- Que se passerait-il si j'exprimais mon émotion directement ?

12. Déblocage par la notion de jeux

- Dans quel rôle suis-je en ce moment (Persécuteur, Victime Rebelle ou Soumise, Sauveteur) ?
- Quels bénéfices négatifs vais-je en tirer ?
- Pour sortir du triangle dramatique :
  - Que dit mon Adulte ?
  - Que dit mon Enfant Spontané ?
- Qu'est-ce qui se passerait si je leur permettais de s'exprimer ?
- Suis-je dans un jeu ?
- Que s'est-il passé au départ, et après... et après ?
- À quelle position de vie est-ce que j'aboutis ?
- Est-ce que je connais le nom du jeu ?
- L'ai-je déjà vécu ? Avec cette personne ? Avec d'autres ?

13. Déblocage par la notion de scénario

- À quelle interdiction suis-je en train de me soumettre ?
- Sur le plan personnel : sans amour, sans esprit, sans argent, sans pouvoir, sans joie ?

- Par quelle prescription apparemment positive est-ce que j'entretiens cette interdiction ? Sois parfait – dépêche-toi – fais-moi plaisir – tu peux mieux faire – sois fort ?
- Quel est le programme (l'exemple ou le modèle) que je suis en train de suivre ?
- Quelle est la décision que j'ai prise en face de cela ?

Annexe III - Questionnaire de scénario professionnel

Nous avons conçu ce questionnaire pour que vous puissiez le remplir et l'exploiter seul.

Nous vous proposons de répondre aux questions de façon détaillée, et de le faire à deux reprises à quelque temps d'intervalle. La comparaison entre vos deux séries de réponses sera pour vous l'occasion de découvertes supplémentaires.

D'une façon générale, adoptez l'attitude détachée d'un observateur extérieur à l'égard de votre propre vie professionnelle.

Cela vous sera d'autant plus facile que vous vous donnerez les moyens de remplir ce questionnaire dans le calme, la détente et la tranquillité. Vous pourriez trouver pratique de répondre séparément à chacune de ses six parties, quitte à consacrer ensuite un certain temps à établir les relations entre vos différents groupes de réponses.

Vous aurez sans doute l'impression que certaines choses vous échappent, d'autant plus qu'il existe des liens évidents entre le scénario personnel et le scénario professionnel.

Vos réponses courent en effet le risque inévitable de décrire votre vie professionnelle de façon subjective. C'est ce qui fait leur intérêt, à condition que cette part de subjectivité puisse être clairement identifiée.

C'est dans ce sens que des entretiens avec une personne compétente en matière de scénario professionnel ou que la participation à un groupe de développement personnel peuvent vous aider.

Vous pourrez alors, avec le maximum de sûreté, tirer de ce questionnaire vos propres conclusions en terme de changement.

L'analyse transactionnelle

1. Vos modèles professionnels

- 1. Faites votre portrait sur le plan professionnel :

	Qualités	Défauts
En tant que supérieur		
En tant que collègue		
En tant que subordonné		

- 2. Quelles sont les deux personnes qui ont le plus influencé votre formation intellectuelle ?
- 3. Quelles sont les deux personnes qui ont le plus influencé votre style professionnel ?
- 4. Faites le portrait (éventuellement imaginaire) de ces quatre personnes sur le plan professionnel.

a. Nom :	Qualités	Défauts
En tant que supérieur		
En tant que collègue		
En tant que subordonné		

b. Nom :	Qualités	Défauts
En tant que supérieur		
En tant que collègue		
En tant que subordonné		

c. Nom :	Qualités	Défauts
En tant que supérieur		
En tant que collègue		
En tant que subordonné		

d. Nom :	Qualités	Défauts
En tant que supérieur		
En tant que collègue		
En tant que subordonné		

- 5. Que disaient et que faisaient ces personnes par rapport

	Elles disaient	Elles faisaient
Au travail ?		
À l'argent ?		
Au pouvoir ?		
À la prise de décision ?		
Au devoir professionnel ?		

BILAN

- 6. Comparez votre propre portrait sur le plan professionnel et celui de ces quatre personnes.
  - Quelles sont les caractéristiques que vous croyez leur avoir empruntées ?
  - Quelles sont celles que vous croyez avoir rejetées ?
  - Quelles sont celles qui vous seraient propres ?
- 7. Votre portrait de vous-même sur le plan professionnel vous plaît-il ?
  - Que voulez-vous y changer ?
- 8. Quels sont les moyens que vous allez mettre en œuvre pour le changer et avec quels délais ?

2. Votre orientation professionnelle

- 1. Qu'est-ce que votre père souhaitait que vous deveniez professionnellement et pourquoi ?

- 2. Qu'est-ce que votre mère souhaitait que vous deveniez professionnellement et pourquoi ?
- 3. Quels étaient les comportements et les orientations professionnels interdits par votre père et pourquoi ?
- 4. Quels étaient les comportements et les orientations professionnels interdits par votre mère et pourquoi ?
- 5. Êtes-vous aujourd'hui plus proche des espoirs de votre père ou de ceux de votre mère et pourquoi ?
- 6. Quel métier vouliez-vous faire quand vous étiez petit et pourquoi ?
- 7. Quel métier vouliez-vous faire quand vous étiez adolescent et pourquoi ?
- 8. Quel métier faites-vous actuellement et pourquoi ?
- 9. Quelle est votre devise dans le travail ?

BILAN

- 10. Êtes-vous satisfait de votre orientation professionnelle actuelle ?

  Si non, répondez aux questions suivantes :
- 11. Avez-vous envie de changer votre orientation professionnelle actuelle ?
- 12. Pensez-vous que vous devriez la changer ?
- 13. Pensez-vous que vous avez les moyens de la changer ?
- 14. Que décidez-vous ? Quels moyens allez-vous mettre en œuvre pour cela, et dans quels délais ?

3. Vos expériences professionnelles importantes

- 1. L'expérience la plus négative
  - a. Quelle est votre expérience professionnelle la plus négative ?
  - b. Installez-vous confortablement, fermez les yeux et revivez-la en imagination dans tous ses détails.
  - c. Quelle est la (ou les) personnes(s) qui a (ont) joué le plus grand rôle dans cette expérience ?

d. Comment a-t-elle réagi extérieurement ?
   (Qu'a-t-elle dit et fait ?)
e. Comment a-t-elle réagi intérieurement ?
   (Quelle émotion vivait-elle : peur, colère, tristesse, désir, affection, joie ?)
f. Comment avez-vous réagi extérieurement ?
   (Qu'avez-vous dit et fait ?)
g. Comment avez-vous réagi intérieurement ?
   (Quelle émotion viviez-vous : peur, colère, tristesse, désir, affection, joie ?)
h. Quelle décision avez-vous prise à la suite de cette expérience ?
   (Je vais...)
i. Quelles autres réactions :
- Auriez-vous eu envie d'avoir ?
- Auriez-vous dû avoir ?
- Auriez-vous pu avoir ?
j. Quelles autres décisions :
- Auriez-vous eu envie de prendre ?
- Auriez-vous dû prendre ?
- Auriez-vous pu prendre ?

▸ 2. L'expérience la plus positive

a. Quelle est votre expérience professionnelle la plus positive ?
b. Installez-vous confortablement, fermez les yeux et revivez-la en imagination dans tous ses détails.
c. Quelle est la (ou les) personne(s) qui a (ont) joué le plus grand rôle dans cette expérience ?
d. Comment a-t-elle réagi extérieurement ?
   (Qu'a-t-elle dit et fait ?)
e. Comment a-t-elle réagi intérieurement ?
   (Quelle émotion vivait-elle : peur, colère, tristesse, désir, affection, joie ?)

f. Comment avez-vous réagi extérieurement ?

(Qu'avez-vous dit et fait ?)

g. Comment avez-vous réagi intérieurement ?

(Quelle émotion viviez-vous : peur, colère, tristesse, désir, affection, joie ?)

h. Quelle décision avez-vous prise à la suite de cette expérience ?

(Je vais...)

i. Quelles autres réactions :

- Auriez-vous eu envie d'avoir ?
- Auriez-vous dû avoir ?
- Auriez-vous pu avoir ?

j. Quelles autres décisions :

- Auriez-vous eu envie de prendre ?
- Auriez-vous dû prendre ?
- Auriez-vous pu prendre ?

BILAN

- 3. Quelle a été l'influence de ces décisions sur votre vie professionnelle ?
- 4. Aujourd'hui, dans quelle mesure pensez-vous que ces décisions limitent et dirigent votre vie professionnelle ?
- 5. En quoi voulez-vous les changer ou les élargir ?
- 6. Quels sont les moyens que vous allez mettre en œuvre, et dans quels délais ?

4. Vos mythes professionnels

- 1. Le mythe négatif :

a. Quel est l'exemple d'échec professionnel qui vous a le plus marqué (dans votre entourage ou dans votre culture générale) ?

b. Racontez-le en quelques lignes.

- 2. Le mythe positif :

  a. Quel est l'exemple de réussite professionnelle qui vous a le plus marqué (dans votre entourage ou dans votre culture générale) ?

  b. Racontez-le en quelques lignes.

BILAN

- 3. Quels sont les rapprochements que vous pouvez faire entre ces exemples d'échec et de réussite et vos propres expériences, négatives et positives, telles que vous les avez décrites dans la partie 3 de ce questionnaire ?

  a. Ressemblances entre l'expérience la plus négative et l'exemple d'échec le plus marquant ;

  b. Ressemblances entre l'expérience la plus positive et l'exemple de réussite le plus marquant.

- 4. Ces schémas de comportements d'échec et de réussite sont fréquemment complémentaires ; ils enferment la personne dans un système unique où elle se confronte périodiquement aux mêmes difficultés. Voyez-vous en quoi cela s'applique à votre propre carrière ?

5. Vos difficultés professionnelles

- 1. Quelles sont vos difficultés professionnelles actuelles :

  a. Par rapport au travail ?

  b. Par rapport à l'argent ?

  c. Par rapport au pouvoir ?

  d. Par rapport à la prise de décision ?

  e. Par rapport au devoir professionnel ?

  f. Par rapport à la réussite professionnelle ?

- 2. Quand avez-vous pour la première fois éprouvé des difficultés ?
- 3. Quelle émotion ressentez-vous lorsque vous pensez à ces difficultés ?

  Peur, colère, tristesse, désir, affection, joie ?

- 4. Quand avez-vous pour la première fois éprouvé ces émotions dans votre vie professionnelle ?

- 5. Quels rapprochements faites-vous entre ces difficultés et ce que disaient et faisaient les personnes qui vous ont influencé par rapport à ces différents sujets (voir réponses à la question e) ?
- 6. Avez-vous jamais pensé qu'en cas d'échec professionnel grave, vous pourriez :
  - Tomber malade ?
  - Devenir chômeur ?
  - Aller en prison ?
  - Faire faillite ?
  - Vous suicider ?
  - Tuer quelqu'un ?
  - Devenir fou ?
- 7. Si vos difficultés actuelles continuent, que serez-vous ou que ferez-vous dans cinq ans ?
- 8. Quelle est la probabilité que dans ce délai de cinq ans vous empruntiez une des issues de secours abordées dans la question 5- 6 ?

BILAN

- 9. Votre situation actuelle et les hypothèses d'avenir qu'elle entraîne vous plaisent-elles ? Que voulez-vous y changer ?
- 10. Quels sont les moyens que vous allez mettre en œuvre pour les changer, et dans quels délais ?

6. La fin de votre vie professionnelle - Projection dans l'avenir

- 1. Quand pensez-vous que vous allez cesser de travailler, et comment (retraite légale, retraite anticipée, raison de santé, jamais...) ?
- 2. Imaginez vos adieux à la vie professionnelle.

  Installez-vous confortablement, fermez les yeux et imaginez cette scène dans tous ses détails.
- 3. Quels sont les gens qui vous entourent (supérieurs, collègues, subordonnés, clients, amis...) ?

- 4. Dans votre discours d'adieu, que dites-vous de votre carrière passée ?
- 5. Quelles émotions ressentez-vous intérieurement (peur, colère, tristesse, désir, affection, joie) ?
- 6. Que pensez-vous de la situation que vous laissez en partant ?
- 7. Que vous disent les autres à propos de votre carrière passée ?

  a. Vos supérieurs ?

  b. Vos collègues ?

  c. Vos subordonnés ?

  d. Votre conjoint, vos amis, vos enfants ?

BILAN

- 9. Cette projection dans l'avenir vous plaît-elle ? Que voulez-vous y changer ?
- 10. Quels moyens allez-vous mettre en œuvre pour la changer, et dans quels délais ?

Annexe IV - Réponses aux questions de la page 132

1. Neutre fermée.
2. Neutre ouverte.
3. Neutre ouverte.
4. Neutre ou influence fermée.

   (« Êtes-vous pour ou contre » serait peut-être mieux que « êtes-vous *d'accord* »).
5. Neutre ouverte.
6. Fermée influencée (*ne pensez-vous pas…*).
7. Neutre ouverte.
8. Fermée influencée (*incapable*).
9. Ouverte influencée (*inadmissible*).
10. Fermée influencée (*toujours*).
11. Fermée influencée (*ne devrait-on pas ?*).
12. Ouverte influencée (*désagréable*).
13. Neutre fermée (oui-non).
14. Fermée influencée (*au moins*).
15. Fermée neutre ou influencée.
16. Ouverte influencée (*toujours*).
17. Ouverte neutre.
18. Fermée neutre.
19. Ouverte neutre ou influencée (« résultats » serait mieux que « *erreurs* »).

20. Fermée influencée (*ne devrait-on pas ?*).

Les mots soulignés entre parenthèses sont ceux qui donnent le caractère *Parent*, aux questions influencées.

Bibliographie d'analyse transactionnelle

BERNE (Eric), *What Do You Say After You Say Hello ?* New York, Grove Press, 1972, London, Gorgi-Books, 1975.

BERNE (Eric), *Analyse transactionnelle et psychothérapie,* Payot, 1971.

BERNE (Eric), *Des jeux et des hommes. Psychologie des relations humaines*, Stock, 1966.

BERNE (Eric), *Que dites-vous après avoir dit bonjour !* Tchou, 1999.

CARDON (Alain), *Jeux pédagogiques et analyse transactionnelle*, Éditions d'Organisation, 1981.

CARDON (Alain) et MERMET (Laurent), *Vocabulaire de l'analyse transactionnelle*, Éditions d'Organisation, 1982.

CARDON (Alain), *Jeux de manipulation*, Éditions d'Organisation, 1995.

CARDON (Alain), *Coaching d'équipes*, Éditions d'Organisation, 2003

CARDON (Alain), *Leadership de transition*, Éditions d'Organisation, 2005.

CEGOS, *Analyse transactionnelle et relations de Travail*, EME, 1979.

DUSAY (John) et STEINER (Claude), *L'analyse transactionnelle en thérapie de groupe*, Éditions universitaires J.-P. Delarge, 1976.

JAOUI (Gysa), *Le triple Moi*, Robert Laffont, 1979.

HARRIS (Thomas), *D'accord avec soi et avec les autres, Guide pratique d'AT*, Épi, 1973.

JAMES (Muriel) et JONGEWARD (Dorothy), *Naître gagnant*, InterÉditions, 1978.

LENHARDT (Vincent), *Les responsables porteurs de sens*, INSEP Consulting Éditions, 2002.

LENHARDT (Vincent) et GODART (Alain), *Engagement, espoirs, rêves*, Village Mondial, 1999.

Table des matières

Table des matières

Table des matières

Imprimé en France. - JOUVE, 11, bd de Sébastopol, 75001 PARIS
N° 418186Z. - Dépôt légal : janvier 2007